播磨の国宝

播磨学研究所・編

鶴林寺

本堂

太子堂

太子堂

【平安時代】

昭和27年（1952）11月　国宝指定
大正7年（1918）解体修理
桁行三間　梁間三間（正面一間通庇付）
一重　宝形造　庇葺きおろし　檜皮葺

本堂

【室町時代】

昭和27年（1952）11月　国宝指定
明治37年（1904）解体修理
桁行七間　梁間六間　一重
入母屋造　本瓦葺

朝光寺 本堂

【室町時代】

昭和29年（1954）3月　国宝指定
昭和12年（1937）解体修理
桁行七間　梁間七間　一重　寄棟造　向拝三間　本瓦葺

一乗寺

絹本著色聖徳太子及天台高僧像　十幅

聖徳太子　龍樹《りゅうじゅ》　善無畏《ぜんむい》　慧文《えもん》　慧思《えし》　智顗《ちぎ》　灌頂《かんじょう》　湛然《たんねん》　最澄《さいちょう》　円仁《えんにん》

龍樹《りゅうじゅ》

聖徳太子

灌頂《かんじょう》

慧文《えもん》

【平安時代】

昭和28年（1953）3月　国宝指定

各　縦128.8cm　横75.8cm

一乗寺　三重塔

【平安時代】
昭和27年（1952）3月　国宝指定
昭和16年（1941）解体修理
平成元年（1989）部分修理
三間三重塔婆　本瓦葺

浄土寺

木造阿弥陀如来及両脇侍立像
（浄土堂本尊）

【鎌倉初期】
昭和39年（1964）5月　国宝指定
木造　漆箔
像高／中尊（阿弥陀如来）530cm
　　　両脇侍（観音・勢至菩薩）370cm

浄土堂
（阿弥陀堂）

【鎌倉初期】
昭和27年（1952）3月　国宝指定
昭和32年（1957）解体修理
桁行三間　梁間三間　一重　宝形造　本瓦葺

太山寺 本堂

【鎌倉後期】

昭和30年(1955)6月　国宝指定
昭和39年(1964)　解体修理
桁行七間　梁間六間　一重　入母屋造　銅板葺

姫路城　大天守・西小天守・乾小天守・東小天守・イ、ロ、ハ、ニの渡櫓

【江戸初期】
昭和26年（1951）6月　国宝指定
昭和39年（1964）解体修理
平成27年（2015）大天守修理
＊**大天守**／五重六階　地下一階付　本瓦葺
＊**西小天守**／三重三階　地下二階付　本瓦葺
＊**乾小天守**／三重四階　地下一階付　本瓦葺
＊**東小天守**／三重三階　地下一階付　本瓦葺
＊**イ、ロ、ハの渡櫓**／各二重二階　地下一階付　本瓦葺（附台所一棟）
＊**ニの渡櫓**／二重櫓門　本瓦葺

◎目次

＊本書は播磨学特別講座「播磨の国宝～集積の謎とその魅力に迫る」（２０１７年5月～11月）をもとに再構成したものです。

＊口絵写真協力／鶴林寺　朝光寺　一乗寺　浄土寺　太山寺　東京文化財研究所

鶴林寺太子堂壁画「涅槃図」

相田愛子

❖ はじめに

兵庫県加古川市の刀田山鶴林寺は、天台宗の古刹寺院です。ご存知の通り加古川の下流域に所在し、山陽道や高砂港にも近い鶴林寺の地は、古来より近代にいたるまで交通の要衝でした。本堂（国宝）は、行基の創建と伝えられ、[1]秘仏の薬師如来坐像（重要文化財　平安時代中期十世紀）を祀ります。[2]その南に続く参道の東側に、聖徳太子の創建と伝えられる太子堂（国宝）があります。[3]「太子堂」という呼称は戦国時代の史料にはじめて見られ、[4]それ以前は永らく「法華堂」[5]と呼ばれていました。[6]本稿では、論旨の混乱を避けるために「太子堂」と一貫して呼称します。

なお一般的な建築名称としての法華堂とは、智顗（五三八～五九七）による『摩訶止観《まかしかん》』巻二上「修行」（大正蔵一九一二）や『法華三昧懺儀《ざんまいせんぎ》』（大正蔵一九四一）等に基づき、[7]四種三昧のうち半行半坐三昧の一つである法華三昧や、法華懺法《せんぼう》という儀礼を行う建築を指します。日本では弘仁三年（八一二）七月上旬、伝教大師最澄（七六七～八二二）が比叡山延暦寺の東塔に法華堂を建て、不断の長講を行ったのをはじめとします。[8]嘉祥元年（八四八）の春、慈覚大師円仁（七九四～八六一）が半行半座三昧行法を伝え、この法華堂で六根の罪障を懺悔する法華三昧を修して以来恒例となり、[9]平安時代中期には四季ごとに行われる三七日《さんしち》（すなわち二十一日間）の法華懺法として伝わっています。[10]ただし最澄による法華堂の本尊には、多宝仏を安置した多宝塔一基と法華経一部が祀られましたが、[11]円仁の場合には普賢菩薩像であったという違いもあります。[12]近年まで、太子堂の本尊として重要文化財の釈迦三尊像（平安時代末期　十二世紀後期）や四天王像が祀られていましたが、創建当初の本尊は定説をみていません。

その参道をはさんで西側には、阿弥陀如来坐像（県指定文化財　平安時代後期　十二世紀）を本尊として常行三昧を行う、常行堂（重要文化財）があります。こうした法華堂と常行堂を対にする伽藍配置は天台宗に特有の形式です。太子堂は、兵庫県の木造建築でも現存最古の遺構ですが、現在最古の天台系の法華堂としても重要な文化財なのです。とはいえ、

鶴林寺太子堂

太子堂内陣の古写真
（高橋コレクション〔兵庫県立歴史博物館蔵〕）

常行堂の建立は太子堂よりも半世紀ほど遅れます。そこで本稿では鶴林寺太子堂について個別に、太子堂の特に創建当初の状況から、当時の信仰や文化背景の一端を垣間見てみたいと思います。

❖ 太子堂建立の謎

太子堂は、現在では桧皮葺《ひわだぶき》で、南側正面に鎌倉時代の庇《ひさし》（礼堂《らいどう》）が付け加わっていますが、創建当初は方三間四面（約七メートル四方）の小さな造りで、屋根は宝形造《ほうぎょうづくり》の簡素な板屋根でした[13]。この東面と南面の屋根裏に、正中三年（一三二六）修理時の墨書銘が残っています。そこには次のようにあり、この修理銘と建築様式にもとづいて天永三年（一一一二）の建立と考えられてきました。

鶴林寺法華堂修理自太子御草蒼以来至于天永三年第三度注之畢、次宝治三年修理之、其後相当于／七十九年正中三年〈丙寅〉修理之、以上第五度（※／は改行を、〈〉は割注を示す。以下同じ）

つまり太子堂は、聖徳太子による草創から数えて天永三年に第三度の「注（※修理の意味）」を終え、次に宝治三年（一二四九）に、その後七十九年を経て正中三年に第五度の修理を行った、という内容です。近年の太子堂床板の年輪年代調査からは、この天永三年建立説の妥当性やむしろ半世紀ほど遡る可能性が示されました。[14]

太子堂の本尊として須弥壇上に、現在では釈迦三尊像の複製が祀られていますが、空間に比して小振りで適切とは言えず、建立当時の本尊は謎に包まれています。それに十一世紀以降この頃までに遡るような寺宝が他になく、その後はやや間をあけて、もともと太子堂の天井に吊られていた木造天蓋（重要文化財）や、堂内の厨子前に祀られていた聖徳太子坐像及び二王子像（市指定文化財　前述の年輪年代調査により一一三八年の檜材を使用）、太子堂での法華三昧で使用された可能性の高い紺紙金字法華経巻第四～五・七～八（市指定文化財）など、十二世紀半ば頃に極めて集中的に制作された文化財が多数残されています。さらに、太子堂と対に

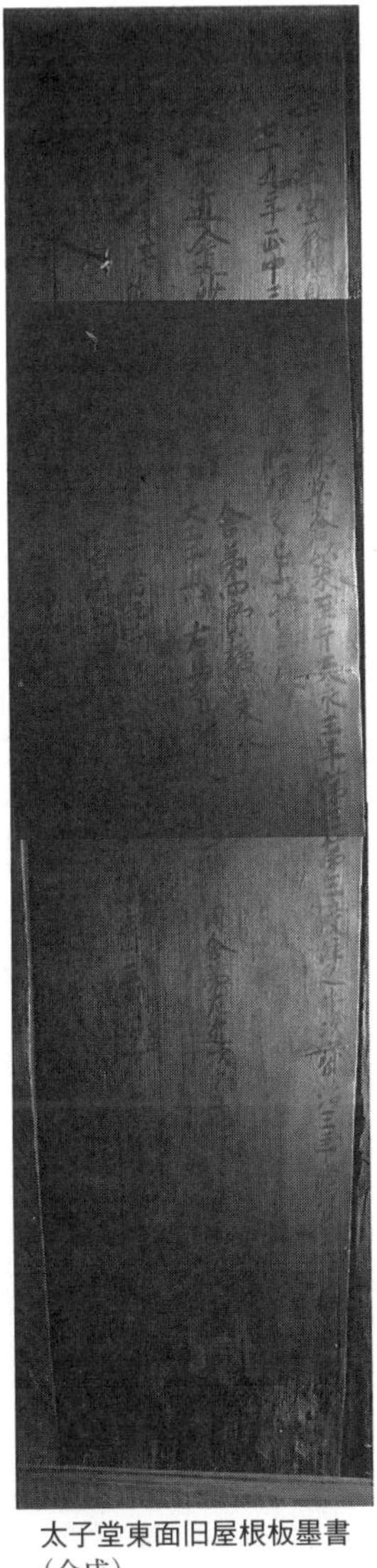

太子堂東面旧屋根板墨書（合成）

鶴林寺扁額

なる常行堂が建立されたのも、従来の十二世紀後期説のほかに十二世紀中頃と考える説があり、常行堂本尊の阿弥陀如来坐像や聖徳太子の化身という二臂如意輪観音半跏像（市指定文化財）なども、この頃の制作と推定されています。[15]

歴史資料に鶴林寺の名が登場しはじめるのも十二世紀半ば頃からです。広島・大慈寺に伝えられる紙本墨書大般若経（二十五帖）は、播磨国の在庁官人であった桑原貞助の発願による大般若経であり、このうち巻第五四一に墨書銘があります。[16]「保延四年〈歳次戊午〉正月廿三日己酉書写始〈執筆額林寺住僧俊鑒〉」と記され、保延四年（一一三八）の時点で円教寺、妙徳寺（※いまの八葉寺）、斑鳩寺などの播磨有数の天台寺院に交じり、「額林寺」すなわち鶴林寺の僧名が認められるのです。寺宝の鶴林寺扁額（重要文化財）は、室町時代の制作ながら寺伝では鳥羽天皇（一一〇三〜一一五六）の宸翰といい、古い扁額を模刻したものとも推察されます。もし、そうだとすれば鳥羽天皇から勅額を賜ったことになり、大般若経巻第五四一を書写した俊鑒は、所属する寺の名を鶴林寺からわざと一文字変えて、誇りをこめて額林寺と記した、と想像されます。これらのことからも、鶴林寺はちょうど鳥羽院政期に中興され、浄土信仰や聖徳太子信別表1「12世紀前半の播磨国司」

姓名	西暦	和暦	種別	備考
藤原　師信	寛治05年01月28日	1091/01/28	補任	
藤原　師信	嘉保01年01月10日	1094/01/10	没	
藤原　顕季	嘉保01年02月22日	1094/02/22	補任	
	嘉保02年06月28日	1095/06/28	重任	
	康和03年07月07日	1101/07/07	遷任	任美作守
藤原　基隆	康和03年07月07日	1101/07/07	補任	元美作守
	康和04年07月21日	1102/07/21	重任	
	天仁01年07月28日	1109/07/28	遷任	任伊予守
藤原　長実	天仁01年07月28日	1109/07/28	補任	元伊予守
	永久03年03月29日	1115/03/29	遷任	任伊予守
藤原　基隆	永久03年03月29日	1115/03/29	補任	元伊予守
	保安02年06月26日	1121/06/26	遷任	任讃岐守
藤原　家保	保安02年06月26日	1121/06/26	補任	元丹波守
	大治04年12月13日	1129/12/13	遷任	任伊予守
藤原　基隆	大治04年12月13日	1129/12/13	補任	元伊予守
	大治05年10月25日	1130/10/25	去任	
藤原　家成	大治05年10月27日	1130/10/27	補任	元讃岐守
	長承01年10月03日	1132/10/03	重任	
	保延02年07月16日	1136/07/16	見任	
藤原　清隆	保延03年01月30日	1137/01/30	補任	元越後守
	保延05年10月26日	1139/10/26	重任	
	保延05年12月30日	1139/12/30	遷任	元伊予守
藤原　忠隆	保延05年12月30日	1139/12/30	遷任	元伊予守
	永治01年12月27日	1141/12/27	遷任	任伊予守
藤原　？	康治01年12月13日	1142/12/13	見任	
藤原　顕保	康治02年03月13日	1143/03/13	見任	
	久安01年04月04日	1145/04/04	没	
平　　忠盛	久安01年10月28日	1145/10/28	見任	
	久安05年04月03日	1149/04/03	重任	
	仁平01年02月02日	1151/02/02	辞任	

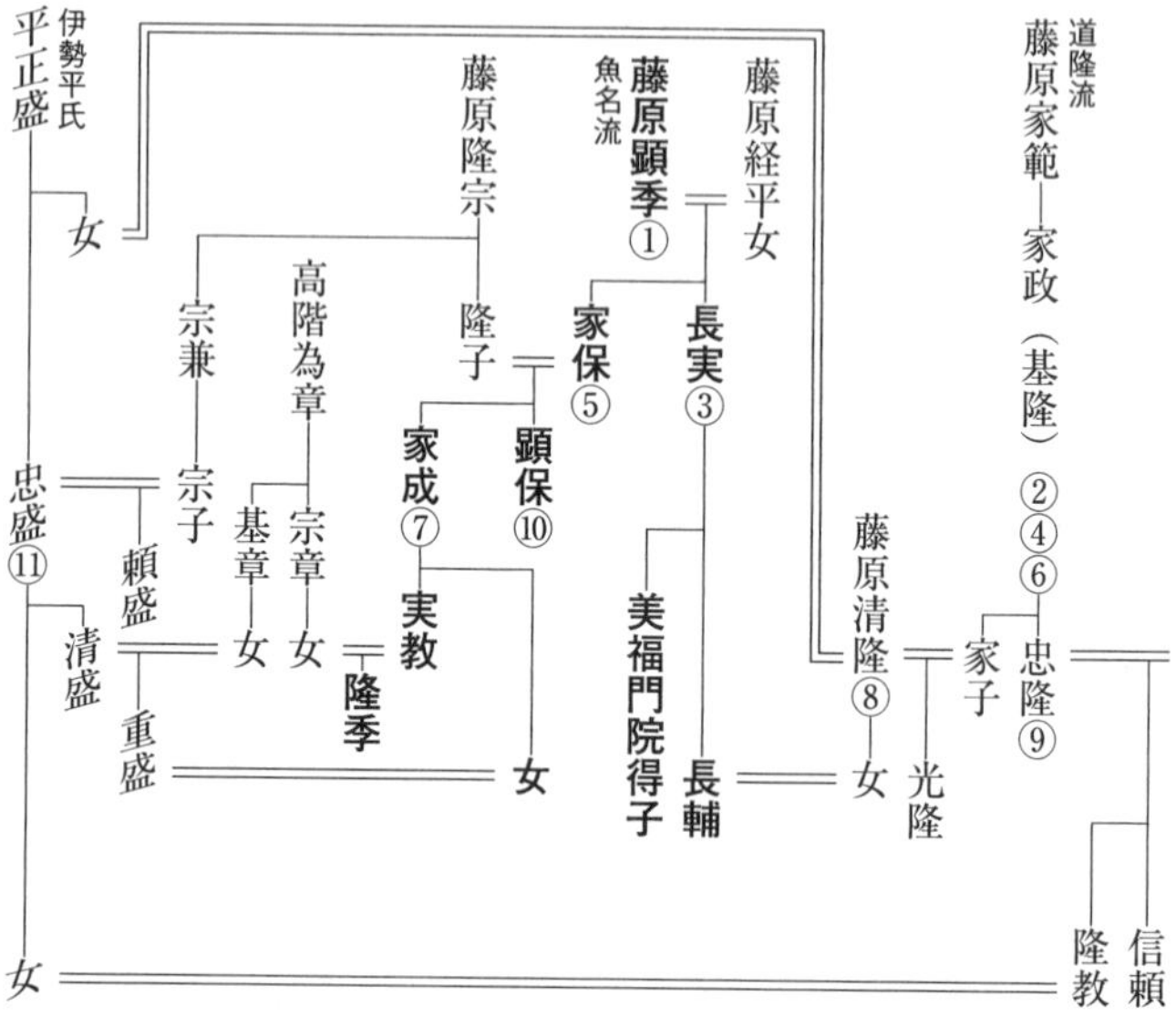

略系図（12世紀前半に播磨国司に補任された藤原氏道隆流・魚名流・伊勢平氏）

仰を基盤にして、常行堂だけではなく太子堂も含めた宗教的環境を拡充させていた、と判断できそうです。

そこで十二世紀前半から中頃までの時期に播磨国を治めた受領を整理してみると、次の別表1や略系図のとおりとなりました。[17] 院近臣である道隆流の藤原家政（基隆）・忠隆父子や、同じく院近臣である魚名流の藤原顕季・長実・家保父子ら（※略系図の太字）によって、ほぼ交互に歴任されています。十二世紀半ば以降では、伊勢平氏の忠盛・清盛父子らが播磨守に補任されますが、その要因にはこうした一門と巧みに結んだ姻戚関係がありました（※系図の斜体字）。
この魚名流こそ、美福門院得子（一一一七～一一六〇）が鳥羽院の寵愛を受けたことにより権勢を振るった一門です。[18] そして得子の父・藤原長実には、播磨守を務めた時期がありました。天仁元年（一一〇九）七月二十八日から永久三年（一一一五）三月二十九日までの約六年間です。一説に、天永三年の鶴林寺法華堂建立は、播磨守長実を媒介にした白河院六十賀への奉賀事業の地方版であった、ともいわれているのです。[19]
そもそも長実が、白河院の近習者として成功できたのは、自らによる成功《じょうごう》や寄進等のほかに、父・顕季の恩恵に負うところが少なくありません。この天永三年、顕季は交易や外交を司る大宰大弐を任官していました。[19] 長治元年（一一〇四）には、生母の藤原親子（一〇二四～一〇九三）追善のため仁和寺堂に九体の丈六阿弥陀坐像を造立しています。[20] 舶来の文物や情報にも通じ、浄土信仰でもいまだ先駆的な九品《くぼん》来迎観に理解があったのです。
これから述べるように、太子堂の仏後壁画や四天柱絵には、北宋（九六〇～一一二七）に由来する珍しい図像や文様、九品来迎といった主題などが描かれています。それゆえに白河院政期や堀河天皇親政期の間、基隆と交互して播磨守に任じられた顕季・長実父子により、白河院の六十賀を寿ぐため鶴林寺太子堂が建立されたという仮説は、大いに注目されるのです。[21]

❖ 仏後壁画

（一）九品来迎図

太子堂須弥壇北側において本尊の背後を荘厳する仏後壁画には、まず表面に九品来迎図が描かれています。緑豊かに折り重なる山岳から手前の海辺にいたる自然景の中に、生前の行いに応じて九種にわけられる往生と、それに伴う阿弥陀来迎の様子が表現されます。こうした上品・中品・下品の三品と、上生・中生・下生の三生が組み合わさった九段階の来迎（九品来迎）は、『観無量寿経』（＝観経、大正蔵三六五）に基づきます。これらの場面がどの来迎に相当するかは先学により同定が試みられ、近年では『観経』とあわせ平等院鳳凰堂壁扉画や、坐形式の十六観を持つ当麻曼荼羅（本願寺所蔵）などと比較した、有賀祥隆氏によって再度検討が加えられました[22]。

先行研究に導かれながら、少し詳しく見てゆきましょう。①まずは画面左上のひときわ豪華で大振りな来迎図ですが、これは西方浄土から涌雲に乗り、まさに山岳を越えてきた阿弥陀聖衆の一行です。阿弥陀如来は偏端右肩《へんたんうけん》に衲衣《のうえ》（袈裟《けさ》）をまとい、蓮華座に結跏趺坐《けっかふざ》して、左右手とも胸前にあげて掌を正面に向け、それぞれ第一指と第三指を捻じる説法印を結びます。こ

仏後壁画表面「九品来迎図」描き起こし図

の仏を楽奏する諸菩薩たちが取り囲み、蓮華座を両手で捧げる観音菩薩と合掌する勢至菩薩、比丘形で拱手《きょうしゅ》する地蔵菩薩と竜樹菩薩が先導します。一行が向かう先には、草庵の軒先で老僧が数珠を手に合掌しています。本図は満場一致で上品上生に同定されています。

②上段の中央左には、山中の草庵から去りゆく僧侶の魂と阿弥陀・七菩薩の、いわゆる「帰り来迎」が描かれます。「帰り来迎」は、平等院鳳凰堂の東面南側扉にも描かれ関連性が指摘されているとおり、上品下生にあたりましょう。③その右隣には沈む夕日を眺める僧侶と、阿弥陀と諸菩薩の来迎が描かれます。『観経』の上品中生に

「行此行者」とあるのを、日想観で示した表現と解されます。④上段右端には正面向きの阿弥陀・観音・勢至と四菩薩の来迎が描かれ、新説では『観経』に「行者臨命終時。阿彌陀佛與諸比丘眷屬圍繞。放金色光至其人所。行者自聞空中有聲」とある、中品上生に相当するとみなされています。

⑤中央山塊の右側、大河の岸辺にたたずむ扉の開いた建築に、拱手する阿弥陀三尊の来迎が表されています。この様子は、行き交う旅人たちの衆目を集めています。新説では「阿弥陀仏与諸眷属放金色光。持七寶蓮花至行者前」とある、『観経』中品中生に同定されています。

⑥中段から下段左端には、蓮台を捧げる観音菩薩と合掌の勢至菩薩に先導された阿弥陀如来が、さらに二菩薩四比丘をともなって、山の向こうから垂直に来迎します。山荘にて西に向かい臨終するのは俗形男性です。この場面の解釈はわかれ、『観経』中品上生の「阿弥陀仏与諸比丘」にあたるとする説と、世俗者の往生が説かれることなどから下品中生とみる説の二つがあります。画中を観察すればさらに山荘を取り囲む懸崖には塔婆が、またその左には米俵を背にした俗形男性らが、僧侶や子を背負う尼僧らに米などを布施するさまも描かれ、在俗信者の善行が偲ばれます。あるいは、来迎の様子を述べないものの『観経』中品下生には、「若有善男子善女人。孝養父母行世仁義」の人がたちまちに極楽世界に往生するとあり、これに合致するのかもしれません。

⑦その隣り、中央の山塊左下には、堂舎の屋根が見える上に、円相内にて拱手する三化仏が飛来しています。『観経』下品上生にある「彼仏、即遣化仏、化観世音、化大勢至、（中略）行者即見、化仏光明、徧満其室」に一致する、というやはり新説に頷かされます。

⑧この右隣には、四間ある大きな堂宇に、蓮台を捧げた観音菩薩のみが飛来しています。しかしこの堂宇はいままさに松明で放火されようとしているのです。境内にはほかに狼らしき獣を仕留めた狩猟帰りの男たち、石塔を壊そうとする男、それを指示する武士、垣間見し密会を待つ女など、誡誨の図が繰り返されます。往生者の生前の行いがほのめかされているのです。このような地獄に落ちるべき愚人でも、『観経』の下品中生には、善知識（仏道の指導者）から阿弥陀如来や仏道修行を学べば、現れた化仏・化菩薩が迎接《ごうしょう》することが説かれています。極楽世界への「迎接」が、魂を迎え取るべき観音菩薩の蓮台で表現されているのではないかと思います。

⑨残る右下の詳細に描かれた臨終行儀の様子は、下品下生です。髷《まげ》を結った皺深い男が伏して、枕元の僧の導きで、念仏を唱えています。在俗の女性や医師、若い男性の姿も周囲に見られます。庭先にはすでに地獄の獄卒らが火車をひき、冥官とともに待っているのです。生前、どのような悪行を重ねたのかは、先に見た誡誨図に加えて、海辺に広がる鵜飼や地引網による殺生などからも推し量られます。しかし空中には、涌雲に乗った蓮台が迎えに来ており、「金

蓮華、猶如日輪」とある『観経』下品下生に一致します。魂はこの蓮台に乗って、浄土へと往生するのでしょう。

以上、仏後壁画に描かれた九品来迎図を概観しました。太子堂に来迎図が描かれる根拠は、天台宗の根本経典であり、初期大乗経典である『法華経』に求められます。その薬王品第二十三などに法華経持経者の極楽往生を説くからです。[23]源信『往生要集』でも法華懺法や法華三昧はまた、極楽往生のための主要な一手段として位置づけられています。[24]

これら九品のうち六場面に登場する阿弥陀如来（⑤のみ化仏）もほとんどが拱手をとります。[25]唯一、印相を描写された上品上生①は、現存最古の説法印を結ぶ阿弥陀来迎図であり、[26]眷属の観音・勢至・地蔵・竜樹の四菩薩は、阿弥陀如来と合わせていわゆる顕教《けんぎょう》系の阿弥陀五尊を構成する尊格です。『覚禅抄』には「阿弥陀法」の五尊曼荼羅として、観音・勢至・地蔵・竜樹に取り囲まれた、説法印（第一指と第二指を捻じる）を結ぶ阿弥陀如来が所載されています。[27]この図像を来迎場面に反映して、九品に応じて眷属や荘厳が減じていく構成が着想されたものと推測されます。地蔵・竜樹に比定される比丘形の二尊は中品下生⑥にも登場し、かなり重視されています。一方平安時代後期の常行堂本尊は、貴族による建立寺院で多くこうした顕教系の四菩薩を着属とする阿弥陀五尊像であることから、この図像は在俗者本位の常行三昧の本尊として普及した、との指摘があります。[28]こうした見方に従うなら、鶴林寺では十二世紀半ば頃に常行堂およびその本尊の阿弥陀如来坐像（第一指と第二指を捻じる弥陀定印）が造立されますが、それより数十年前の太子堂建立時においては説法印の阿弥陀と、まだ図像に揺らぎを残しながらも、すでに顕教系の阿弥陀五尊による構成が採用されていたことに着目されます。この事実は、九品来迎図の各場面がちょうどZ字をなぞるように、おおむね左から右へと順に展開し、日本における大画面絵画が左から右へと右回りに進行する法則とも合致することを想起させます。どちらの事実も世俗的要素を仏画に濃く反映させた証左であり、これらの事実は、太子堂が播磨国守・藤原長実による白河院への奉賀事業だった可能性を婉曲的に補強しているように感じられます。

（二）涅槃図

この仏後壁画の裏面、北側に涅槃図が描かれています。正方形に近い画面の中央に配置された宝床（ベッド）は足もとの面を見せ、釈迦の足もと手前（南西）の低い目線から見上げるようにした構図です。仰向けに伏した釈迦は目をわずかに見開き、両腕を体に沿って伸ばしています。いわゆる第一形式にあたる古い図様です。

釈迦の枕元には諸菩薩（普賢、観音、文殊、地蔵、弥勒、迦葉童子）、足元には仏弟子たち（阿難、羅睺羅《らごら》、須菩提《すぼだい》、阿那律《あなりつ》、劫賓那《こうひんな》ほか）や天部（緊那羅《きんなら》、周梨槃特《しゅりはんとく》、倶絺羅《くちら》、離波多、帝釈天、尸棄《しき》梵天、金剛力士ほか）が取り囲み、画面の手前には俗形人物（威徳無垢称《いとくむくしょう》王、

仏後壁画裏面「涅槃図」高木かおり氏による想定復元模写

優婆塞《うばそく》純陀《じゅんだ》、毘舎離城《びしゃりじょう》大臣長者、後宮婦人、須跋達羅《すばどら》、純陀子、耆婆《ぎば》大臣）と転倒する獅子が悲しみを表しています。これらの人物名については「応徳涅槃図」（金剛峯寺蔵）との比較からすでに先行研究により検討されています。[29]

釈迦は、二月十五日の夜、拘尸那城《クシナガラ》の跋提河《ばつだいが》西岸で、沙羅双《さらそう》樹《じゅ》の間にて、頭を北に向け右脇を下にして、亡くなったといいます。この死を涅槃といい、涅槃やその前後の出来事は、「涅槃経」と総称される仏教経典に記されています。小乗系に遅れて成立した大乗系の「涅槃経」では、奇跡をより多く挿入し、涅槃をブッダが永遠の真理に帰ったこととして捉えられました。

ところで本図の釈迦は瞼をごくわずかに開いており、その視線の先には、勝音《しょうおん》王子を伴う摩耶夫人が、雲に乗り去っていきます。この釈迦が目を開く表現については、曇無讖訳『大般涅槃経』寿命品第一（大正蔵三七四）などにある大音声を発した入涅槃直前の姿を示すもの、との説が支持されています。[30] あわせて釈迦が見送る摩耶夫人は、中国で撰述された偽経である曇景訳『摩訶摩耶経』（大正蔵三八三）や『仏母経』[31]（大正蔵二九一九）に記された、一旦入滅した釈迦が忉利天より飛来した摩耶夫人のため再生説法した、とする説話から影響を受けたものであることが指摘できます。

『摩訶摩耶経』は、源信『往生要集』大文第一「厭離穢土」にも人の命が無常であることを示すために引用されています。このことから平安時代中期の貴族たちに『摩訶摩耶経』がよく知られた経典である、と理解されます。くわえて『摩訶摩耶経』の引用箇所や全文の趣旨からは、釈迦の涅槃をもって無常を知り、涅槃が極楽浄土を欣求するよすがとしても捉えられていたことに注意を向ける必要があります。

なお太子堂と涅槃図の関わりですが、『法華経』神力品第二十一には、「法華経を護持し修行する場所は、すなわち如来の涅槃する聖地であるから、塔を建てよ」、との旨が説かれています。[32] 十二世紀後期に制作された『法華経』同品を主題とする絵画でも、金字宝塔曼荼羅巻第七

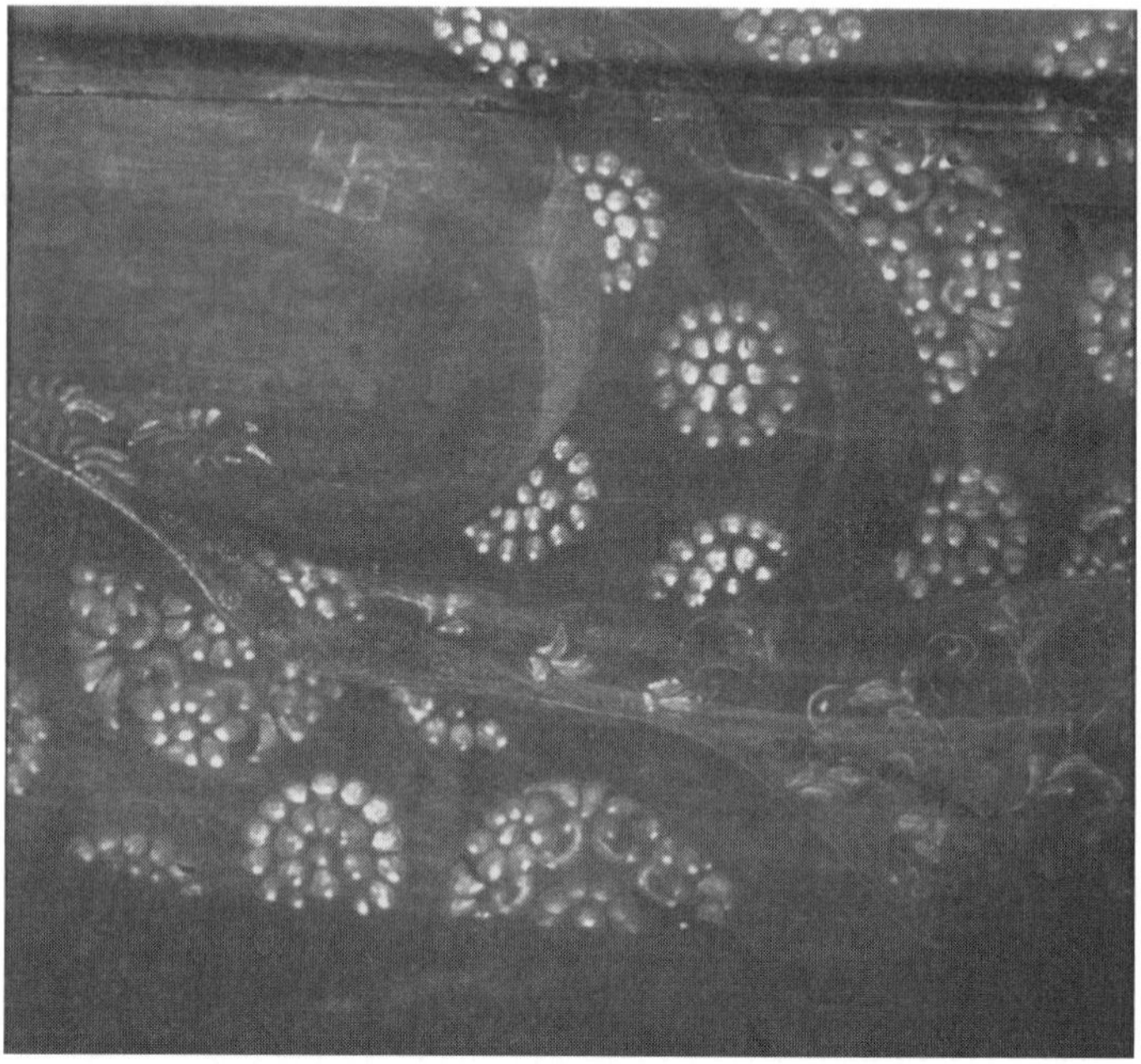

仏後壁画裏面「涅槃図」X線撮影部分図

（談山神社蔵）や金字宝塔曼荼羅巻第七（立本寺蔵）など涅槃図を表現するものがあります。[33] このように涅槃図は、仏としての釈迦やその教えの永遠性を示し、場の聖地化をうながすとともに、人間としての釈迦の無常を観じ、悟りや浄土への往生を勧める機能を備えたものとして位置づけられるのではないでしょうか。

こうした太子堂の涅槃図ですが、その文様表現が古様であることにも着目されています。[34] 菱形の中に小さな菱形を繰り返す文様（摩耶夫人）は、古代の仏教絵画、「吉祥天女像」（薬師寺蔵）の文様表現を髣髴とさせます。また本図の釈迦は、金色の衲衣（袈裟）を偏袒右肩に着ていますが、その下には下半身に裙《くん》（裳《も》）を、右上半身には覆肩衣《ふっけんえ》（偏衫《へんさん》）を身につけています。三種の布をまとい、衲衣の端には地とは異なる布地がついており、そのそれぞれに模様があります。袈裟の広い面には大ぶりな団花《だんか》文とともに、八曜《はちよう》紋をさらに水玉で取り囲んだ八曜連珠《れんじゅ》円文が、規則的に配置されています。連珠円文もまた古くササン朝ペルシアから中国を経て、日本に伝えられた伝統的な文様です。足元の裳の表裏にも、同種の文様が装飾されています。さらに袈裟の縁には、「描き消し」の彩色法による小振りな花菱入《はなびしいり》円文が、表裏に描かれています。この「描き消し」による文様は、文様の系統としては、配置法から花菱入亀甲《きっこう》紋の一種と捉えることができ、すでに指摘されているとおり十一世紀半ばから十二世紀前半の仏画に頻出します。一方で、釈迦の右腕を覆っている覆肩衣には、張りつめた曲線を展開する蔓唐草《つるからくさ》文様が金泥で描かれています。この文様は、十世紀末に将来された釈迦如来立像胎内納入品（清涼寺蔵）の北宋製白綾に類似を見出せる写生的なもので、親和的で相称性の強い伝統文様のなかのアクセントとして効いています。

釈迦如来立像胎内納入品「唐草文白綾」（清涼寺蔵）

以上のように本図では、図像と

しては成仏や極楽往生を願う契機としての涅槃が主題とされています。その細部装飾として入滅する仏陀の威厳を演出するため、重ね着された釈迦の服制が裏地をわずかにのぞかせながら、異なる文様の性質を掛け合わせ、全体で複雑な妙味を醸しています。とくに、それまでの伝統的な文様にはない舶来の蔓唐草文様を、効果的に取り入れているのが特徴です。

❖ 四天柱絵

さて、須弥壇の四方にて天井を支える四天柱にも、実にさまざまな仏教尊格が描かれています。尊名や主題はすでに先学により検討が重ねられるところで、今それらに導かれながら簡単に紹介し、太子堂を特徴づける十羅刹女について検討を加えてみましょう。[35]

まず仏後壁の左にある西柱には倶利伽羅龍剣と五童子が、右にある北柱には不動明王三童子と騎孔雀文殊菩薩がそれぞれ描かれています。あわせて不動明王八大童子が構成されているのです。須弥壇手前右の東柱には、いずれも合掌し蓮台に坐す八菩薩と十二神将が描かれます。八菩薩は達磨笈多訳『薬師如来本願経』（大正蔵四四九）に説く八大菩薩とみなされ、十二神将が薬師如来の眷属であることからは、これらの尊格は薬師如来を本尊とする本堂との関わりから、この太子堂を荘厳するものと考えられています。

残る南柱には、上から順に蓮華座に坐し合掌する薬王菩薩・薬上菩薩の二菩薩と、毛氈座に坐しそれぞれの持物を執る十羅刹女、地に坐す八部衆が描かれます。このうち十羅刹女は、持物や服制によりそれぞれを描き分けた我が国最古の作例です。みな鰭袖のある異国風の唐装をまとい、それぞれ個別の持物を手にしてい

四天柱絵描き起こし図（上：南柱　下：左から東柱・西柱・北柱）

普賢十羅刹女像（鶴林寺蔵）

ます。
　それ以前の十羅刹女は、金剛証寺蔵「紺紙金字法華経」や、延暦寺蔵「紺紙金銀交書法華経」の巻第八見返絵などのように、個性は表されていません。それらでは、そろって拱手や合掌手をした唐装の女性群像として固定していたことが、確認できるのです。
　ところが本図の十羅刹女では、合掌や経籍、経巻のほか、火舎香炉や蓮花、水瓶、瓔珞、独鈷杵などを、持物としています。尊名にはやや検討を要しますが、天台系の儀軌や作例とも一致する部分が大きいことを指摘できます。武器が少なく、供養や讃歎に関連するモチーフが多いのが特徴です。しかしながらこのことは、『法華経』の守護のかたちとして、後代にはやや物足りなく感じられたのかもしれません。鶴林寺にも室町時代の普賢十羅刹女像が伝えられていますが、そこには剣や三叉戟を執る羅刹女が多く含まれています。
　同様の武器を執る図像の傾向は、鶴林寺本以外の普賢十羅刹女像にも指摘できます。保延七年（一一四二）銘の銅製経筒（奈良国立博物館蔵）や、十二世紀半ば頃の制作と推定される扇面法華経冊子表紙（四天王寺・東京国立博物館蔵）、十二世紀末頃の装飾一品経（太山寺蔵）

と装飾法華経陀羅尼品（五島美術館蔵）など、古様な作例から図像を比較検討すると、経巻や経箱にかわって、剣、戟、三鈷杵などの殺傷力ある武器をすでに多く採用していることが分かります。『法華経』や持経者への守護が、攻撃のかたちをとって捉えられたのでしょう。このように十羅刹女の図像では後代に、武器を持物とする尊格が増えたうえで定着したようです。そしてこれらの作品間ではある程度の図像が一致しており、なかには本図柱絵の十羅刹女とも一致する要素も少なくありません。

たとえば太子堂南柱において一の藍婆は独鈷杵を、二の毘藍婆は風雲を、三の曲歯は香炉、四の華歯は花盤（または蓮華）、五の黒歯は水瓶、八の持瓔珞はその名のとおり瓔珞を執り、古様な普賢十羅刹女像の図像とも、持物が一致しています。残る四者には図像の揺らぎが見られるものの、すでに先学によって『阿娑縛抄』巻第一七一「十羅刹」や『法華十羅刹法』との一致から、九の睪帝は嚢《のう・ふくろ》を持つとみなされ、本図では細長い布状の袋を持つ羅刹女がそれに当てられています。[36]また本図の合掌する羅刹女については、「類雑集」において十の奪一切衆生精気が合掌とすることに一致すると、有賀氏は指摘しています。[37]付け加える点があるならば、七の無厭足は、『阿娑縛抄』に経箱と記載され、本図では拱手して経箱状のもの（梵経か）を持つ羅刹女にあたるとみる従来説に首肯されます。すると六の多髪は、唯一残された右手に経巻、左手の掌を伏せる羅刹女となります。

物の比較（附・本地仏）」

※持物は、右手／左手の順に記した。

	八	九	一〇	眷属	出典
厭足	持瓔珞	睪帝	奪一切衆生精気	鬼子母	大正蔵九、五九頁上段二二行～二七行
著	持華	何所	取一切精	鬼子母	大正蔵九、一三〇頁中段二〇行～二四行
厭足	持瓔珞	睪帝	奪一切衆生精気	鬼子母	大正蔵九、一八七頁中段一〇行～一四行
手／経箱	瓔珞	／筒状のもの	合掌	–	
：経巻	08：瓔珞	14：嚢	12：合掌	–	※アラビア数字は安嶋二〇〇八による図版中ナンバリング
：経箱	⑩：瓔珞	⑪：経／伏掌	⑫：合掌	–	※丸数字は有賀二〇一二による南柱展開図でのナンバリング
掌	瓔珞	?／?	戟／三鈷杵	–	
掌	瓔珞	羂索／独鈷杵	三叉戟／三鈷杵	–	
箱			戟	鬼子母	
掌	瓔珞	?／払子	杵／三叉戟	–	
掌	瓔珞	?／独鈷杵	戟／三鈷杵	–	
掌	瓔珞	剣／	三叉戟／	–	
手		施無畏印／払子	戟／三鈷杵	鬼子母	
籍	瓔珞	嚢／独股(皐帝)	杵／三股	–	大正蔵図像九、五五五頁下段九行～五五六頁上段二行
			合掌		有賀二〇一二
	瓔珞	裳／独股(白幸帝)	杵／三股	–	大正蔵二一、三七七頁中段二一行～下段一一行
	–	–	–	–	大正蔵七八、四三六頁上段五行～六行
	–	–	–	–	大正蔵七九、四〇三頁中段二行～三行
殊師利菩	弥勒菩薩	観世音菩薩	荼吉尼		真言宗全書二九
能勝菩薩	観音	文殊	大自在又捺吉尼	–	大正蔵図像一〇，七三三頁中段二七行～下段二行
能勝	観音／無尽意	文殊／普賢	大自在菩薩		（岩波文庫）法華経下、三七八頁

別表2「十羅刹

	一	二	三	四	五	六
妙法蓮華経巻第七	藍婆	毘藍婆	曲歯	華歯	黒歯	多髪
正法華経巻第一〇	有結縛	離縛	施積	施華	施黒	被髪
添品妙法蓮華経巻第六	藍婆	毘藍婆	曲歯	華歯	黒歯	多髪
鶴林寺太子堂南西柱絵（相田説）	独鈷杵／	／風雲	火舎香炉	／蓮花	／水瓶	経巻／伏
鶴林寺太子堂南西柱絵（安嶋説）	18：独鈷杵／	13：／風雲	16：香花	19：／花盤	02：／軍持	03：拱手
鶴林寺太子堂南西柱絵（有賀説）	③：独鈷杵／	④：／風雲	⑤：香花	⑥：施無畏印／蓮台	⑦：／水瓶	⑧：／細いもの
保延七年銘銅製経筒	独鈷杵／？	風雲／？	火舎香炉？	華盤	剣／？	円盤状
扇面法華経冊子	−	−	−	−	−	金属容器
五島美術館本装飾法華経（陀羅尼品）	独鈷杵／？					銅鈸
太山寺本装飾一品経	独鈷杵／念珠	風雲／？	火舎香炉	華盤	三鈷柄剣／？	蓮華／？
日野原家旧蔵本普賢十羅刹女像	独鈷杵／檜扇	八稜鏡	火舎香炉	華盤	剣／水瓶	金属容器
鶴林寺本普賢十羅刹女像		風雲／	火車香炉	蓮台上の三弁宝珠	剣／水瓶	梵経／
廬山寺本普賢十羅刹女像	独鈷杵／念珠		蓮／香炉	華盤		
阿娑縛抄	独股／念珠	風雲／衾	香花	花／花盤	刃／軍持	銅鈸
類雑集						
法華十羅利法	独股／念珠	風雲／念珠	香花	花／花盤	叉／軍持	銅環
澤鈔第三	−	−	−	−	不動	−
秘抄問答	−	−	−	−	不動	−
五十巻鈔	東方宝幢如来	南方花開如来	西方阿弥陀如来	北方天鼓音来如来	中央大日如来／不動尊	普賢菩薩
白宝抄（法華法雑集下）	東方阿閦如来	南方宝生	西方弥陀	北方釈迦	大日又不動	普賢
定珍抄	阿閦仏	宝性仏／花開敷仏	阿弥陀仏／薬上	不空成就仏	大日如来	普賢／地菩薩

釈迦如来立像胎内納入品「霊山変相」部分図（清涼寺蔵）

さらに興味深いことに、上述した古様の普賢者十羅刹女像を伝える鶴林寺、四天王寺、太山寺はいずれも古刹の天台寺院です。また、十羅刹女を本尊とする密教修法について記す『阿娑縛抄』は、天台僧の承澄によって文永一二年（一二七五）までに編纂された事相書です。そして十羅刹女を線刻する保延七年銘「銅製経筒」には、延暦寺僧による勧進であることを記す銘文と、宋商人とみられる「陳□」の署名があり[38]、その他にも九州から出土した経筒や陶磁器には宋商人の署名が多く残されています。これらのことから、まず十羅刹女の図像の流通には、宋商人や天台宗の勧進僧の関与が示唆されます。十二〜十三世紀の天台寺院周辺で制作された作例や儀軌と、本図が多く一致するのはそのためと見られます。

当時からやや遡った頃の中国・五代十国時代

（十世紀）では、敦煌莫高窟六十一窟壁画などに描かれた釈迦説法会において、十羅刹女はそろって拱手した女性の姿で参集する姿に表されました。[37] しかし寛和元年（九八六）、奝然《ちょうねん》が浙江省・台州より持ち帰った釈迦如来立像胎内納入品の版本霊山変相図（清涼寺蔵）には、画面下方の涌出した多宝塔を礼拝する二尊（梵天・帝釈天または薬上・薬王菩薩か）とともに、個別のアトリビュートを執る十羅刹女が描かれているのです。揃いの唐装に鰭袖をつけて身にまとい、立ち姿で表された羅刹女のなかに、払子のほか太子堂柱絵と同様に独鈷杵や華盤を持つものが認められます。その他複数が、拱手や珊瑚などの宝物を載せた盆を執るのは、まだ図像がはっきりとは定まっていなかったことをうかがわせます。なにより武器が少なく供養具の多い傾向で太子堂の十羅刹女と一致しています。

　鶴林寺太子堂の須弥壇四天柱には、十二世紀初頭当時にあっても珍しい不動明王と八大童子の組み合わせや、孔雀に乗る文殊菩薩、八大菩薩などの密教尊格が、修行者を守護するほとけとして描かれています。なかでも十羅刹女は、中国から輸入され、日本ではまず天台寺院で流布しはじめたばかりの、十人十色に個性を与えられた最先端のイメージが反映されたものと位置づけられるのです。

❖おわりに

以上のように、鶴林寺太子堂を荘厳する絵画からは、主に純粋な法華経儀礼の場であり、極楽往生をめざす浄土信仰とも一体であったことがうかがえました。これは貴族など在俗信者に傾いた信仰のかたちと言えます。またそれまでの伝統にはない新奇な天台系密教の図像や文様表現が採用されていることも明らかになりました。つまり最新の舶来の文物に触れえる環境が整えられていたことが示唆されます。これらのことは天永三年頃、白河院の院近臣として権勢をふるった藤原顕季・長実父子により、なんらかの関与を受けて太子堂が建立された、とみる仮説の裏付けともなりましょう。もちろん中央とこの地方寺院の関わりは、鶴林寺が立地する瀬戸内海と加古川を結節する、場の特性とも無縁ではありません。しかしなにより「涅槃図」をはじめとする鶴林寺太子堂の絵画は、白河法皇による北宋仏教を受容した宗教文化活動の一端を伝えており、更なる解明が待たれているのです。

1「左衛門尉平某等連署浮免寄進状（文永五年十月五日付）」や「行基菩薩勧進帳（文明十八年九月三日）」（ともに鶴林寺蔵）に、行基開創と伝えられる。神戸佳文「（作品解説）参考　国宝鶴林寺太子堂模型」および小林基伸「鶴林寺と賀古荘」兵庫県立歴史博物館編集『鶴林寺太子堂～聖徳太子と御法の花のみほとけ～』（「鶴林寺太子堂」実行委員会、二〇一二年四月）を参照。

2 刀田山鶴林寺編『鶴林寺とその全盛時代～室町折衷様式の美～』法蔵館、二〇〇九年。

3 後述する太子堂東面旧屋根板墨書や「鶴林寺聖霊院縁起」（鶴林寺蔵）に太子創建と伝えられます。神戸佳文「（作品解説）鶴林寺聖霊院縁起」兵庫県立歴史博物館編集『鶴林寺太子堂』「鶴林寺太子堂」実行委員会、二〇一二年四月。神戸二〇一二（前掲注1を参照）。

4 天文三年（一五三四）の「鶴林寺料田惣目録」。他に江戸時代の地誌である平野庸修「播磨鑑（加古郡）」や「播州名所巡覧図絵（巻之三）」、明治期の刷物「播州刀田山鶴林寺略図」などに、「（聖徳）太子堂」の呼び名が見えます。

5 正中三年修理時の鶴林寺法華堂天井裏板墨書や、観応三年（一三五二）の如意輪観音懸仏鏡板墨書には「鶴林寺法花堂」と記されます。

6 「聖霊院」の初見は、永正一二年（一五一五）八月日の「鶴林寺寺料田惣目録」。こうした呼び名は、「法華信仰に付属する太子信仰から四天王寺を背景とする対し信仰へ、そして鶴林寺独自の太子信仰へという変化に対応するもの」との指摘があります（小林二〇一二［前掲注1］を参照）。

7 法華懺法との関連経典には、このほか四二七年成立『法華三昧経』（大正蔵二六九）、湛然『法華三昧行事運想補助儀』（大正蔵一九四二）、遵式ヵ『略法華三昧補助儀』（大正蔵一九四三）、知礼ヵ『礼法華経儀式』（大正蔵一九四二）、最澄『法華長講会式』（大正蔵二三六三）などがあります。

8 仁忠『叡山大師伝』や、元慶五年（八八一）奥書の円珍『伝教大師行業記』など（以上、塙保己・編『続群書類従第八輯下（伝部）』続群書類従完成会、一九二七年）。

9 仁治三年（一二四二）～弘安四年（一二八一）成立の承澄『阿娑縛抄』第二〇一「諸寺略記　下」（『大正新修大蔵経図像九』）。平安末期または鎌倉後期成立の『叡岳要記』上、著者不詳『山門堂舎記』など（以上、塙保己一・編『群書類従第二十四輯（釈家部）』続群書類従完成会、一九三二年）。

10 永観二年（九八四）の源為憲『三宝絵』「比叡懺法」（馬淵和夫ほか校注『三宝絵注好選（新日本古典文学大系三十一）』岩波書店、一九九七年）や、貞治二年（一三六三）に賢宝が写した『伝教大師行状』（『続群書類従八下』前提注8参照）では、「法華懺法」と記される。

11 前掲注9に同じ。

12 清水擴『平安時代仏教建築史の研究　浄土教建築を中心に』中央公論美術出版、一九九二年。

13 文化財建造物保存技術協会著『国宝鶴林寺本堂ほか三棟保存修理工事報告書』鶴林寺、二〇〇九年。大正七年に太子堂が解体修理された際に発見された、という。東面旧屋根板墨書「鶴林寺法華堂修理自太子御草蒼以来至于天永三年第三度注之畢、次宝治三年修理之、其後相当于／七十九年正中三年〈丙寅〉修理之、以上第五度／大工左近入道沙弥覚性〈舎弟橘四郎末永／大工子息右馬允橘光真〉同舎弟左近次郎延俊　同右近三郎　同五郎／別当頼玄　生年三十七　自保延二年以来至于当年百九十七年、十三代相伝之／寺僧法花堂　一和尚覚明房阿闍梨（伊勢和寺）忠真　生年六十八、二和尚伊予公慶円、三和尚円定房、四和尚式部公、五和尚石見公、六和尚大夫公／講堂　一和尚上総公　二和尚加賀公、三和尚豊前公、四和尚越後公、五和尚尾張公、六和尚因幡公」。南面旧屋根板墨書「鶴林寺法花堂修理一和尚覚円、寺衆一和尚忠真／執筆澄盛／正中三年〈丙寅〉二月廿五日始之／別当頼玄　年行事定範／大工沙弥覚性　同子息馬允　左近次郎　同左近三郎　同五郎／引頭四郎　番匠六人」。有賀祥隆「国宝鶴林寺太子堂内陣荘厳画私見」（兵庫県立歴史博物館編『鶴林寺太子堂　聖徳太子と御法の花のみほとけ』「鶴林寺太子堂」実行委員会、二〇一

二年四月）、上島亨「太子堂旧屋根板墨書よりみた中世の鶴林寺」編者刀田山鶴林寺『鶴林寺叢書1　鶴林寺太子堂とその美』（法蔵館、二〇〇七年）を参照。

14 光谷拓実「年輪から国宝鶴林寺太子堂の創建年代にせまる」『奈良美術研究』第四号、二〇〇六年四月。

15 鳥羽院による四天王寺の浄土信仰を背景に、鶴林寺常行堂や同本尊が整備されたと見なされている。中野聰「兵庫・鶴林寺常行堂阿弥陀如来坐像の制作背景―平安期常行堂造像史上における位置付け―」『奈良美術研究』第四号、二〇〇六年四月。。

16 小林基伸「播磨国在庁官人桑原貞助発願一日頓写大般若経」『わたりやぐら』第四号、一九八七年五月。

17 略系図は、『公卿補任第一篇』や「国司一覧（播磨）」『日本史総覧Ⅱ古代二・中世一』（新人物往来社、一九八四年）、『尊卑分脈』をもとに、次の研究を参照して作成した。角田文衛『平家後抄（上・下）』講談社、二〇〇〇年。高橋昌明『清盛以前』平凡社、二〇一一年増補改訂。元木泰雄『平清盛の闘い』角川学芸出版、二〇一一年など。

18 河野房雄『平安末期政治史研究』東京堂出版、一九七九年、三七七頁。

19 戸田芳実『中右記　躍動する院政時代の群像』そしえて、一九七九年、二四一～四二二頁。

20 『中右記』長治元年三月十七日条。「顕季卿仁和寺堂供養願文」（『江都督納言願文集』三）。清水一九九二（前掲注12）などを参照。

21 さらに想像力をたくましくすれば、太子堂の建築とその他の寺宝との間に、やや年代的断絶が生じているのは、同じ魚名流といえども長実から、弟の家保、その子の家成へと潮流が移っていったためなのかも知れません。河野一九七九（前掲注18）。佐伯智広「鳥羽院政期の王家と皇位継承」『日本史研究』五九八号（二〇一二年）／所収：佐伯『中世前期の政治構造と王家』（東京大学出版会、二〇一五年）。

22 柳沢孝『仏画（原色日本の美術七）』小学館、一九六九年。幹栄盛「赤外線撮影による国宝鶴林寺太子堂の壁画発見」『奈良美術研究』第四号、二〇〇六年四月。安嶋紀昭『鶴林寺太子堂内陣荘厳画の図像と年代』（平成十二〜十九年度科学研究費補助金研究成果報告書）、二〇〇八年五月。有賀二〇一二（前掲注13）。

23 「若有女人聞是藥王菩薩本事品。能受持者。盡是女身後不復受。若如來滅後後五百歳中。若有女人。聞是經典如説修行。於此命終。即往安樂世界阿彌陀佛大菩薩衆圍繞住處。生蓮華中寶座之上。不復爲貪欲所惱。」（大正蔵九巻、五十四頁）

24 『往生要集』大文第五「助念の方法」の第五懺悔衆罪。

25 先行する平等院鳳凰堂壁扉画では、いずれの阿弥陀如来とも両手とも第一指と第二指を捻じ、右手を胸前に、左手を左膝先に伸ばす来迎印を結びます。田口栄一『平等院と中尊寺（名宝日本の美術九）』小学館、一九八二年。礪波恵昭「九体阿弥陀像の展開」『日本文化史研究』第二十七号、一九九七年十一月。深沢麻亜沙「浄瑠璃寺九体阿弥陀像を中心とした平安時代後期の信仰と造像に関する研究」『鹿島美術財団年報』別冊三十一号、二〇一三年一一月。

26 泉武夫「安楽寿院蔵阿弥陀聖衆来迎図について：その古様な図様と作風」『学叢』八、一九八六年三月。

27 『覚禅抄』「阿弥陀下」五尊曼荼羅の項（大正蔵図像四、四六四〜四六七頁）。

28 中野二〇〇六（前掲注15）。

29 有賀二〇一二（前掲注13）。

30 谷口耕生「新薬師寺所蔵仏涅槃図考」『仏教芸術』第二五一号、二〇〇〇年七月。古谷優子「石山寺蔵涅槃図考」『美術史』第一六一冊、二〇〇六年十月。有賀二〇一二（前掲注13）。

31 『仏母経』については特に美術史と文献学の関わりから次に詳しい。岸田悠里「敦煌で流行した『仏母経』

32 『龍谷大学仏教学研究室年報』十八、二〇一四年三月。
「爾時佛告上行等菩薩大衆。諸佛神力如是無量無邊不可思議。若我以是神力。於無量無邊百千萬億阿僧祇劫。爲囑累故説此經功徳。猶不能盡以要言之。如來一切所有之法。如來一切自在神力。如來一切祕要之藏。如來一切甚深之事。皆於此經宣示顯説。是故汝等於如來滅後。應一心受持讀誦解説書寫如説修行。所在國土。若有受持讀誦解説書寫如説修行。若經卷所住之處。若於園中。若於林中。若於樹下。若於僧坊。若白衣舍。若在殿堂。若山谷曠野。是中皆應起塔供養。所以者何。當知是處即是道場。諸佛於此得阿耨多羅三藐三菩提。諸佛於此轉于法輪。諸佛於此而般涅槃。」（大正蔵九巻、五十二頁）ほか六十四カ所「涅槃」の語句が登場する。

33 宮次男『金字宝塔曼陀羅』吉川弘文館、一九七六年。

34 高木かおり「「鶴林寺太子堂仏後壁裏面仏涅槃図」の芸術性の回復：想定復元模写を通して」（博士論文甲第四〇七号）東京芸術大学、二〇〇九年。有賀二〇一二（前掲注13）。

35 菊竹淳一「普賢十羅刹女像の諸相」『仏教芸術』第一三三号、一九八〇年九月。有賀祥隆「法華経絵」『日本の美術』第二六九号、至文堂一九八八年十月。安嶋二〇〇八（前掲注22）。林温「鶴林寺太子堂内陣荘の意想―東北柱画の孔雀騎乗像について」『仏教芸術』二九六、二〇〇八年一月。有賀二〇一二（前掲注13）。増記隆介『院政期仏画と唐宋絵画』中央公論美術出版社、二〇一五年。

36 安嶋二〇〇八（前掲注22）。有賀二〇一二（前掲注13）。

37 有賀二〇一二（前掲注13）。

38 線刻銘「保延七年〈歳次／辛酉〉二月十五日勧進〈延暦寺／僧定尋〉〈族姓大神／長壽丸〉」、台座裏墨署銘「陳□」。森井啓次「墨書宋人銘の書かれた経筒」『九州と東アジアの考古学』九州大学考古学研究室五十周

年記念論文集刊行会、二〇〇八年。吉澤悟（作品解説）『聖地寧波　日本仏教一三〇〇年の源流』奈良国立博物館、二〇〇九年七月。

39 敦煌研究院、賀世哲『法華経画巻（敦煌石窟全集七）』上海・上海人民出版社、二〇〇〇年。

一乗寺・朝光寺と法道仙人の謎

埴岡真弓

❖二つの寺の歴史

まず最初に、法華山一乗寺、鹿野山朝光寺について、古代・中世の歴史を簡単に振り返っておきたいと思います。

法華山一乗寺（加西市坂本町）

一乗寺は、法道仙人伝承の起点となったと考えられている寺です。今は「法華山一乗寺」といいますが、古い文献には「法華《ほっけ》（花）寺《でら》」と記されています。

白雉元年（六五〇）　法道仙人、大殿を完成（「元亨釈書《げんこうしゃくしょ》」）
応保元年（一一六一）　三井寺の僧覚忠《かくちゅう》「三十三所巡礼《じゅんらい》記」に第十四番として記載、「願主空《くう》鉢聖人《はつしょうにん》」とある
長寛二年（一一六四）　一乗寺を含む播磨六カ寺が酒見社（加西市北条・住吉神社）で法会
承安元年（一一七一）　三重塔（国宝）の伏鉢《ふせばち》に銘、瓦には同四年の銘
弘安八年（一二八五）　奈良西大寺・叡尊《えいそん》が一乗寺を訪れ法会、二一二四人に菩薩戒を授ける

同　九年（一二八六）　法道仙人像（開山堂）の墨書銘に、「宝道仙人」と記載
元弘三年（一三三三）　後醍醐天皇が、帰洛の途次に行幸、護持僧・文観《もんかん》（もと法華寺住僧）の計らいとされる
建武二年（一三三五）　文観が訪れ、講堂（二階九間、西国第一の大堂）の落慶法要

法道仙人が修行したという窟屋（一乗寺）

白雉元年に大殿を完成したと「元亨釈書」（虎《こ》関《かん》師《し》錬《れん》著、元亨二年／一三二二）に出てくるのが、法道仙人に関するもっとも古い記録です。「元亨釈書」には、大化元年（六四五）に孝徳天皇の病を治したことによって本堂が寄進されたことなども書いてあります。これらは史実とはいえませんが、白鳳期の金銅製観音像（重文）が数体残っていることから、一乗寺は大変古い寺だろうと推察されます。

「三十三所巡礼記」に記された観音霊場の巡拝は、現在の西国三十三所巡礼の原型といえるものです。まだ巡礼の順番は固定化されておらず、覚忠は十四番目

に一乗寺を訪れました。現在は、二十六番札所となっています。国宝三重塔の建築年代は伏鉢の銘によって承安元年と確認され、建築年代がわかる貴重な平安時代の建築物として知られています。一乗寺にはさまざまな高僧・貴人が訪れますが、鎌倉時代中頃、弘安八年には叡尊が訪れて、播磨国中に知れ渡るような大法会を行いました。その翌年、弘安九年の墨書名が残る立像は、法道仙人の像としては最古のものです。元弘三年には、後醍醐天皇が護持僧であった文観上人の仲立ちによって参詣し、二年後には文観自身が大講堂の落慶法要を行いました。

こうして一乗寺は七堂伽藍を備えた大寺になりましたが、戦国末期、十六世紀末の戦乱で焼亡。それを復興したのは、池田家の次の姫路城主、千姫の舅の本多忠政でした。

鹿野山朝光寺（加東市社町畑）

朝光寺は国宝・重要文化財を有する古刹として知られますが、播磨でもっとも遅い鬼追いがゴールデンウィーク中、五月五日に行われることでも有名です。本来は本堂内で行われていましたが、火を用いることもあり、現在は本堂前に舞台を設けて行われています。

白雉二年（六五一）　法道仙人開基（伝）
承元五年（一二一一）　「朝光寺御宝前」に「鹿野之開発田」を預所《あずかりどころ》・下司《げす》・公文《くもん》が寄進
弘安九年（一二八六）　久米庄内朝光寺へ本免田に加え、御祈祷料所七反寄進「亀山上皇院宣」

文保元年（一三一七）　摂津住吉神社の神主・権神主が「久米庄内朝光寺々辺山」を寄進、四至は「東櫟谷横道、西鹿野《しかの》塩壺、南池内道之横道、北古寺山臥道」

永正十八年（一五二一）「賀東郡朝光寺法事」に対して、赤松義村禁制を発す

朝光寺は創建当初、現在地ではなくて、今の朝光寺裏山、権現山の中にありました。法道仙人が開いたと伝える古い寺が山中にあったわけですが、それは一旦衰退し、十二世紀末頃、現在地に再び立派な寺を築いたとされます。

鎌倉時代、承元五年に田畑の寄進を受けますが、この時すでに朝光寺は周辺の領主が田畑の寄進をしようと思うような中心的な存在になっていたと考えられます。一乗寺もそうでしたが、朝光寺も天皇とのつながりがある寺で、弘安九年には亀山上皇が祈祷料を寄進していますす。そして、文保元年には、大阪の住吉神社の神主たちが、朝光寺がある辺りの荘園、久米荘の山々を寄進しました。加東市周辺には、国の重要無形民俗文化財「神事舞」の伝わる上鴨川住吉神社はじめ、住吉神社が数多く祀られています。中世初め、木材を切り出す杣山として辺り一帯に住吉社領があり、住吉神社の勢力が非常に強く及んでいた時期があったためです。文保元年

鹿野の清水（加東市）

の寄進状には寄進する土地の四至、東西南北の範囲が明記されていますが、西は「鹿野塩壺」とあります。これは今も鹿野の集落に残っている清水で、朝光寺の縁起にも出てきます。法道仙人に対して、住吉明神が池の中に塩水を湧かせる霊験を示した地です。

　戦国時代、永正十八年に出された播磨国守護・赤松義村の禁制が残っていますが、鐘楼（国重要文化財）の再建も義村が行なっています。そして、慶長五年（一六〇〇）、姫路藩主・池田輝政が寺領四十石を寄進、藩主に認められた大寺として継承され、今に至ります。

❖法道仙人伝承

　では、一乗寺・朝光寺の開基と伝えられる法道仙人の伝承とはどんなものなのか、お寺の縁起から見ていきたいと思います。

法華山一乗寺の縁起

室町時代の「峯相記」に書かれている一乗寺の縁起は、次のようなものです。

一乗寺は法道仙人が建立し、孝徳天皇の御願寺であった。法道は天竺で金剛摩尼の法を習得し、瞬きするあいだに世界を飛び歩くことができた。また、「空鉢《くうはつ》ヲ飛テ供養を請ケ」、つまり、托鉢の鉢を飛ばして布施を受けていた。仙人は大化元年（六四五）紫の雲に乗って、新羅や百済を経て日本に飛来、播磨国印南郡の山に留まる。谷は蓮華の花のよう、峯は八葉に分かれ、瑞雲が峯にたなびき、芳香が谷に漂う。こうした霊瑞があったので、「法花山」と名付けた。

仙人は南の海（瀬戸内海）に鉢を飛ばし、行き交う船から供養を受けていた。ある時、太宰府からの船の船頭、藤井麿呂が「正税」だからと供養を断ったところ、船中の米俵が一俵残らず、雁の群れのように法花山へ飛んで行ってしまった。船人は驚いたが、一鉢分の米を留めただけで、仙人は他の米は全て船中に戻してくれた。ただ、一俵の米が途中で落ちてしまい、その地を「米堕（米田）」と名付けた。船頭がこの話を奏上すると、天皇は感銘を受けて勅願所とする。大化八年には金堂が造立され、白雉元年（六五〇）に道慈律師が開眼供養した。

神亀三年（七二六）十月に行基菩薩が仙人の旧跡を慕って参詣、有名な鉢を礼拝し随喜、百余日に止宿したという。天長二年（八二五）三月には弘法大師が仙跡を尋ねて参詣し、行基僧正の遺言によって法道仙人の鉢を奉られる。鉢は大師が入定した後、法花山に還された。その後

高砂市米田町の米塚

は仏法・人法ともに繁昌し、富貴名望は世間に知れ渡った。正和（一三一二〜一七）・文保（一三一七〜一九）の頃、法花山の前住職・宇都宮長老の宿願によって二階建て、九間の講堂に造り改め、正中元年（一三二四）十一月二十七日上棟、建武二年（一三三五）十月十四日、文観上人が開眼供養した。西国第一の大堂である。

船頭の報告を受けた後に天皇が病気になり、法道仙人を呼んで都で加持祈祷してもらい、病気が治ったので堂舎を寄進した話が記されていないなど、多少の違いはありますが、「峯相記」は鎌倉時代の「元亨釈書」の記述をほぼ踏襲しています。ただし、「元亨釈書」は諸州を回ってたくさん寺を建てた仙人は、ある日、「帰る日が来た」と言って大きな光となり、天竺へ帰っていったと結ばれ、行基、空海の訪問、その後の繁栄は記されていません。

「元亨釈書」には書いていない、史実としては訪れていない行基や空海のことが、なぜ付け加えられているのでしょうか。行基・空海は史実の人物であり、全国区の有名人です。寺院の開基伝承やさまざまな史跡が広く分布しています。そういう人が法道仙人の跡を慕って法華山を訪れたということは、一乗寺にとって大変に名誉なこと、名声を高めるエピソードであるにちがいありません。西国巡礼の札所として信仰が拡大するとともに、あの行基が来て仙人の鉢を見てとても喜んだ、それどころか、あの弘法大師も来て仙人の鉢を預かったのだと、伝承が増幅していったのだろうと想像されます。他の法道仙人開基寺院では、聖徳太子が登場する縁起もあります。仙人の開基とともに、高僧・貴人の訪問を語るのが、法道仙人伝承の一つの型といえるでしょう。なお、「峯相記」は、金堂の造立年を大化八年としていますが、大化は六年までです。

朝光寺の由緒

さて、法道仙人開基の寺院縁起に登場するのは、人間の有名人だけではありません。朝光寺の縁起は、江戸時代の「播磨鑑」にも「寺記」として載っています。かいつまんで紹介すると、次のような話です。

法華山で修行していた法道仙人は、毎朝、東方の峯に瑞光を見て、霊物があるのだと思い、ある日、その光を追ってその地を訪れた。すると、冠を被り、美しい衣を付けた、非凡な様子の老人が出現。「長い間待っていました。この山には霊木があり、光を放っています。この霊木で仏を彫り、伽藍を建立して祀りなさい。私が仏法を守りましょう」と言う。仙人が名を尋

朝光寺・鬼踊りに登場する住吉明神

ねると、「住吉大神」と名乗り、その証拠として、傍らの池の中に塩水をわき出させた。これが、鹿野冷泉である。仙人は山中に入って霊木を見付け、千手観音菩薩像を彫って祀り、脇に住吉明神を祀った。
孝徳天皇は仙人に深く帰依し、仏法修行の道場として僧坊六舎を建立、住吉明神が現れた地を「鹿野」とし、霊木が朝な朝なに光を放ったという由緒から「朝光寺」を名付けたという。

朝光寺という寺名は、大化五年（六四九）、毎朝この地から光が出て皇居にまで達し、不思議に思った天皇が法道仙人を呼んで理由を尋ねたことから名付けられたともいいます。

この縁起には、法道仙人の代名詞ともいえる飛鉢の話は出てきません。その代わり、住吉明神という神祇が登場し、仙人を導きます。中央でも重きをなした神様、あるいは仏様が現れて力を貸す、霊地を譲るというのが、もう一つの、法道仙人伝承の基本的な型です。「神仏が土地を譲ろうと言ってくださるほど、法道さんは偉いんですよ」という縁起の構成の仕方です。朝光寺ではその地域性から住吉明神との邂逅が語られたと考えられ、同じく加東市の古刹、御《み》嶽山《たけさん》清水寺でも住吉明神が神功皇后に告げて法道仙人が加持祈祷するという話が縁起に載っています。他には、牛頭天王《ごずてんのう》や毘沙門天（多聞天）などが登場します。こうした神仏の加護も、法道仙人の徳の高さを喧伝するためのエピソードと考えられます。

なお、霊木で仙人が仏を刻む話も少なくありませんが、近江山近江寺（明石市）の縁起では琵琶湖に浮かぶ霊木の話が語られています。仙人が千手観音像を刻む桜木の霊木ですが、大和の長谷寺の縁起が下敷きになっており、多様な法道仙人伝承の成立過程を考える上で興味深い材料といえるでしょう。

ともあれ、一乗寺、朝光寺の縁起からもわかるように、行基や空海、聖徳太子、牛頭天王や毘沙門天、住吉明神など、法道仙人伝承を彩る高僧、貴人、神仏は、開基者である仙人の地位を高める、寺院にとっては大切な存在でした。言い換えるならば、そうした高僧、貴人、神仏によって法道仙人の権威は保証されていたわけです。ところが、神西《じんさい》郡の七種山《なぐさやま》作門寺、これは江戸時代の名前で、それ以前、そして今の名前は金剛城寺（福崎町）ですが、この寺の法道仙人伝承は少し違っています。

現在の金剛城寺は山麓にありますが、明治までは七種の滝がある七種山のなかにあった山林寺院でした。その七種の滝辺りに慈丘川人という老翁がいて、旱魃のとき里人に七種類の穀物の種を与え、感謝した里人によって祀られた祠が金剛城寺の起源だとされています。したがって、開基は慈丘川人ということになるのですが、そこに立派な寺が建立された時、開眼供養し、活躍したのは法道仙人でした。つまり、この寺の縁起では、行基や空海、あるいは住吉明神が担った役割を法道仙人が担っているのです。金剛城寺の縁起が成立した時代には、法道仙人に対する信仰は揺るぎないものになっていたため、「法道仙人が来て供養してくれた、堂舎を建ててくれた」ことが寺の権威を高めると考えられたと推測されます。

法道仙人伝承の広がり

法道仙人の開基伝承が残る兵庫県内の寺院を地図に落とすと、廃寺を含め、百カ寺以上を数えます。地域的には、東播の加古川の中流域、上流域の山間部に特に多く存在します。三木市、加西市、加東市、多可町、そこから丹波、但馬へ、非常に密度が濃い分布を示しているのです。兵庫県には行基や聖徳太子の開基伝承も少なくありませんが、法道仙人とは比較になりません。ただ、この二人の開基伝承は、全国的に広く分布しています。法道仙人は、兵庫県以外ではその名前はほぼ聞かれません（県外では、大阪、鳥取、島根、大分、愛媛に数例分布しています）。活動範囲が兵庫県、しかも、ほぼ播磨に限定されていることが、法道仙人伝承の大きな特色です。

『峯相記』に法道仙人の寺が二十二カ寺あると記されているように、その開基伝承はすでに室町時代に一定の広がりを見せていました。江戸時代の『播磨鑑』にはその倍以上、五十カ寺近い寺院が法道仙人とのゆかりを伝えています（『峯相記』と一致する寺は十カ寺ほどですが）。

こうした法道仙人伝承の広がりを考える上で注目されるのが、鎌倉時代から法道仙人開基が確認できる御嶽山清水寺（加東市）です。清水寺は、一乗寺に続いて法道仙人の開基伝承を語り始めたとされる寺です。有名な説話集、『今昔物語集』にも出てくる古刹ですが、そこで語られるのは法道仙人の話ではなく、地蔵菩薩によってこういう功徳がありましたという地蔵信仰の話です。『今昔物語集』の時代、平安時代中頃の清水寺は地蔵信仰の寺として知られていたわけです。ところが、それから何十年か経つと、記録には法道仙人開基の寺として出てきます。つまり、清水寺はそれまでの地蔵菩薩の霊験から法道仙人の由緒を前面に出す寺へと変化したということになります。

それは、その方が人々の信仰が集められたからと考えられます。どうして、そういうことになったのでしょうか。平安時代の末頃、院政期の貴族たちに広がった観音信仰を背景に、西国

	垂井荘垂井村	玉崎山円明寺	天台。法道、草創	
		福聚山東明寺	本尊薬師、法道持参。孝徳天皇御願	
加　西	福家荘河内村	蓬莱山普光寺	天台。孝徳天皇御願。妙法の音あり、千手の霊像。金峯明神。白雉2年天皇行幸、仙人偈を説く。仁喜年、行基	○
		鎌倉寺	普光寺奥の院。法道入定の仙跡	
	西川合郷網引村	如意山周遍寺	真言。本尊如意輪の内に法道持参の閻浮檀金。孝徳天皇、白雉2年。北峯に石写の妙経を納める	○
	高荘柳山村	柳山楊柳寺	天台。本尊楊柳観音、法道作。孝徳天皇、白雉年中。法華山より霊地を見る	○
	野上郷山下村	田富山田福寺	真言。聖徳太子開基。孝徳天皇、白雉元年、法道来る。十一面を刻み、中興	
	西谷村	大安山正楽寺	禅。孝徳天皇、大化年中に石塔・地蔵出現。法華山に住む法道、脇士を刻む	
	高荘国正村	青嶺山奥山寺	真言。恵便住む。孝徳天皇の代、法道建立の精舎の一。十一面自刻、白雉2年伽藍	○
多　可	這田荘高松	高松山長明寺	真言。孝徳天皇、白雉年中。十一面千手・不動・毘沙門を刻む。	
	安田荘吉重村	吉祥円満寺	真言。法道開基。中興明覚	
	黒田村	荘林山荘厳寺	真言。孝徳、白雉年中。中興は空海	
	富田荘富田村	和多山西仙寺	真言。本尊十一面（法道持参の仏舎利を首に納む）法道仙人堂。白雉2年	
	野間郷中野間村	伊勢輪山極楽寺	本尊千手観音・脇士不動・毘沙門は法道作。孝徳天皇、白雉2年	○
	松井荘岩座神村	萬霊山神光寺	真言。白雉年中開基。本尊十一面は行基	
神　東	粟賀荘中村	金楽山法楽寺	真言。法道開基。犬寺として知られる	
神　西	高岡荘七草村	七種山作門寺	真言。慈丘川人、旱魃に七種の穀物の種を恵む。恵灌、十一面。法道、来住（供養導師、雪彦山・笠形山・楊柳山、同時に建立。4人に分身し、開眼供養）	○
	奥須賀院村	岩蔵山万福寺	九間の岩屋。毘沙門天。法道開基	
揖　東	福居荘谷村	朝日山大日寺	真言。家島堂崎より移住。鉢は大覚寺	○
	福居荘網干沖浜	鶴立山大覚寺	浄土。法道の鉄鉢の由緒あり	
揖　西	河内荘	龍立山	法道の時、女人参詣し、花瓶の水を飲み、龍となって昇天す	
	平井郷中垣内村	広大山恩徳寺	浄土。法道開基。一丁東に平井保昌石塔	
佐　用	江川郷平福村	鷲栖山正覚寺	浄土。法道開基	

※峯：「峯相記」に載る

表１　「播磨鑑」に見る法道仙人開基（伝承）寺院

郡	場　所	寺院名	概　　　要	峯
飾　東	野里	大日山最明寺	真言。河水の音、誦経の音に似る	
	国衙荘八代村	瑠璃山東光寺	禅。法道仙人の帰依仏が本尊	
飾　西	賀屋郷	雪彦山金剛寺	真言。推古天皇。十一面観音・不動明王・毘沙門	
印　南	加西・印南境	法華山一乗寺	天台。本尊十一面（法道持来仏像）奥院（法道仙人）	○
	平之荘井ノ口村	日光山常楽寺	真言。孝徳天皇、多聞天と会う	
加　古	北条郷大野宮山	宝生山常楽寺	真言。孝徳天皇、大化元年。本尊薬師（法道仙人の護持仏）	
	野口荘新在家村	横倉山横蔵寺	禅。孝徳天皇、白雉年間。本尊地蔵菩薩、仙人自刻	
明　石	中庄村	法写山善楽寺	天台。本尊地蔵。孝徳天皇大化年中	
	如意寺村	比金山如意寺	天台。推古天皇。毘沙門天に会う。櫨で地蔵菩薩を造る。慈覚大師、訪れる	
	福住村	近江山近江寺	真言。孝徳天皇。大化ごろ琵琶湖に桜木。法道、播磨国へ飛ばす。牛頭天王に会う。法道、桜木で千手観音を刻む	
	神出・東村	雄岡山最明寺	真言。孝徳天皇、大化。法道、最初は難波浦、明石浦へ。牛頭天王	
三　木	志染荘大谷山村	大谷山大谿寺	天台。開山堂本尊法道仙人（本堂・毘沙門天は童男行者）。孝徳天皇白雉２年	
	衣笠荘東村	如意山法華寺	真言。十一面は法道作。村上天皇御願	
	正法寺村	牟禮山正法寺	真言。十一面は法道作。大化年中	
	大村	如意山金剛寺	真言。本尊十一面、法道作。孝徳天皇御願。白雉二年、光る榧の木で十一面。天長年中、弘法大師余りの木で薬師	
	小川組	如意山法輪寺	真言。孝徳天皇、白雉２年	
	同上	湯川山法光寺	真言。法道開基	
	淡河組	石峰山石峰寺	真言。法道開基	
加　東		御嶽山清水寺	天台。推古天皇建立。本尊十一面自作。千日山籠行。弟子能善・光善。内陣に法道仙人像。神功皇后、住吉大神の告により法道の加持力を頼る	○
	上滝野村	五峯山光明寺	真言。推古天皇。老翁より十一面受る	○
	東条久米村	鹿野山朝光寺	真言。千手観音、法道作。老翁（住吉大神）に会う。塩水を涌かす。霊木で念持仏・十一面。孝徳天皇、白雉２年。法道仙人石塔あり。荘厳寺・西光寺・朝光寺三寺の僧、三峯を巡り仙峯修行	○
	鴨川村山ノ辻	宝螺山西光寺	真言。荘厳寺・朝光寺と隔年に国峯入り。法道の螺（ホラ貝）を隠す。朝光寺が螺を支配	
	東条・神谷村	神谷山禅瀧寺	真言。孝徳天皇、大化年中	

三十三所巡礼が盛んになります。三井寺の覚忠のような高僧たちから始まった観音霊場の巡礼は那智山青岸渡寺を出発点としますが、上皇・貴族の熱狂的ともいえる熊野信仰とも重なって札所となった寺院に隆盛をもたらしました。一乗寺は二十六番札所、清水寺は二十五番札所として定着します。

孝徳天皇が帰依したという、天竺生れの仙人を開基とする一乗寺の縁起が中央の貴族たちに受け入れられたことから、より中央に近い清水寺も法道仙人を取り込んだ縁起を語り始めたのではないでしょうか。清水は摂津、播磨、丹波という三カ国のちょうど境に位置します。国境に位置するということで、一乗寺から伝播してきた法道仙人伝承は、清水寺を拠点に丹波や摂津へも流れて広がっていったと推測されます。中継点となった清水寺の存在は、早い時期における法道仙人信仰の拡大に大きな役割を果たしたと考えられます。法道仙人の名は西国巡礼を通して中央に知られるようになり、貴族たちの支持を集めたため、巡礼路の周辺にもその信仰が広がっていったのでしょう。中央の貴族たちが認めるということは、そこから派遣される国司に重んじられる寺となることをも意味します。

さて、法道仙人の開基寺院は、特に山間部に密集しています。山の中の寺、いわゆる山林寺院に急速に法道仙人信仰が広がっていったのは、室町時代以降とされます。信仰の拡大に大きな力となったと考えられるのが、この時代に非常な勢いで浸透していく修験道です。修験者、山伏と呼ばれる人々によって各地にさまざまな信仰が運ばれていきますが、播磨の場合、その一つが法道仙人信仰だったのではないでしょうか。西国巡礼と関わる熊野信仰も、「蟻の熊野詣」現象をもたらした原動力となったのは、全国を遊行して歩いた熊野山伏、熊野比丘尼の活動でした。

法道仙人と修験道の密接な関係は、各地の寺に残る縁起からもうかがえます。たとえば、加東郡鴨川村山ノ辻の宝螺山《ほうらさん》西光寺は、法道仙人が使っていた法螺貝を隠したから山号が宝螺山となったこと、朝光寺と荘厳寺《しょうごんじ》（西脇市黒田庄）との関係を伝えています。西光寺は修験の寺で、朝光寺・荘厳寺と一年交代で峰入りを行っていました。修験道における修行のネットワークをこの三カ寺は結んでいたのです。縁起によれば、その法螺貝を支配していたのは朝光寺でした。この三カ寺のネットワークのなかで上に立っていたのは朝光寺であり、その下に西光寺と荘厳寺があって、修験の修行をしていたということだろうと思います。中心であった朝光寺から西光寺、荘厳寺へ、法道仙人伝承が広がったのではないでしょうか。

法道仙人の図像を見ても、修験道との関わりが察せられます。法道仙人の図像は、修験道の開祖役行者《えんのぎょうじゃ》の姿に大変よく似ているのです。役行者像は、山林のなかで苦行している修験者の姿から生まれたものでしょう。役行者は下駄を、法道仙人はわらじを履くといった差異も見られますが、一見すると役行者か法道仙人かわからないような図像が少なくありません。人々の意識の中で、法道仙人と役行者の位置づけは、そんなに大きく違わなかったのでしょう。巡峰行のように山々を駆けて修行する山伏の姿は、雲にのってあちこちを飛んで歩いたという法道仙人を彷彿とさせたのかもしれません。

朝光寺・法道仙人像

前に触れた金剛城寺（作門寺）の縁起には、法道仙人が四人に分身し、四カ寺を供養したと記されています。作門寺と雪彦山（姫路市）・笠形山（神崎郡市川町）・楊柳山（多可郡多可町）に、同時に寺を建立したとあります。雪彦山・笠形山は修験の中心地として知られた山であり、修験道との関わりを考えさせられる事例のひとつです。

法道仙人ゆかりの寺々

法道仙人開基伝承の濃密な分布を、加古川の上流域である多可町で見てみましょう。この地域で中心になったと考えられるのは、吉祥山圓満寺という真言宗の大きな寺です。池田輝政が病気になった時、姫路城で祈祷した明覚《みょうかく》上人が再興した寺としても知られています。古い絵図を見ると東の谷と西の谷に寺域は広がっており、現在の寺があるのは西の谷です。平安時代の

多可町中区・円満寺

寺院址が東の谷筋も発掘されており、絵図にはぽつんと一つお堂が描かれています。このお堂の前身が、一番古い、圓満寺の発祥になった庵のようなものではなかったのか。つまり、最初に山林修行者が拠点としたのは東の谷だったのではないかと推測されます。それが在地領主などと結びついて発展していくなかで、西の谷筋に移り、立派な伽藍堂舎が整えられていったのでしょう。

多可町では、加美区の観音寺、美しい棚田風景で有名な岩座神《いさりがみ》の神光寺《じんこうじ》、西光寺。高句麗からやって来た僧、恵便の寺として有名な八千代区の安海寺《あんかいじ》、立派な六道絵（国・重要文化財）を所蔵する中野間の極楽寺。中区奥中の観音寺、鳳泉寺、鳳凰寺。

今はもうありませんが、糀屋稲荷神社の神宮寺だった延命寺も、法道仙人の寺だと伝えられていました。糀屋稲荷神社は、千姫が安産祈願でお堂を寄進したと伝わる神社です。数えてみると、多可町には、ざっと十数カ寺、法道仙人開基の寺が今も残っています。

多可町から笠形山を越えたところが市川町ですが、境となるこの山は山伏たちが峰入りを行う山でした。その近くの山中にある観音堂も法道仙人を伝えていますし、市川町の隣、神河町では、「元亨釈書」に「播州犬寺」として出ている法楽寺が法道開基を伝えています。同じ神河町で、北条時頼、最明寺入道の話を伝える最明寺も、縁起に「法道」の名を記しています。

山林寺院と呼ばれるような寺々に色濃く残る法道仙人伝説は、明治政府によって禁止されながら、今もその信仰が続く修験道との密接な関係を示しているように思えます。

❖ 仙人と飛鉢

神仙思想の「僊人」

ところで、平安の末に一乗寺で開基とされた法道仙人ですが、考えてみれば寺院の開基が僧侶でも貴人でもなく、仙人だというのは不思議な感じがします。久米寺（橿原市）を久米仙人が創建した話が「今昔物語集」などに乗っていますが、同寺の開基は聖徳太子の弟、来目皇子ともいわれます。なぜ、空飛ぶ鉢を持って、雲に乗り、天竺から日本へ飛来した仙人が、中央にも認められる寺院の縁起に登場するのでしょうか。

実は、大江匡房《まさふさ》が「本朝神仙伝」を著わしたように、神仙思想は平安貴族たちに浸透していました。「本朝神仙伝」には、聖徳太子や神功皇后に仕えた武内宿禰《たけのうちのすくね》なども神仙、仙人として記されています。神仙思想は、古代中国から渡来しました。秦の始皇帝が不老不死の霊薬を求めて、徐福を神仙の棲む蓬莱山を探させた話はよく知られています。徐福の話は紀元前三世紀、日本でいえば弥生時代前期に当たる時代です。漢の時代の鏡などにも、神仙の姿が描かれています。仙人は「僊人」、地上世界から天界へ遷る、昇天することができる存在で、肩に羽が生えていることから「羽人《うじん》」ともいいました。

霊薬とされた朱が古墳の遺物などから出土することから、古代以前の日本にも影響があったのではないかとされますが、神仙思想がはっきりと表れるのは「万葉集」の時代、浦島伝説などからでしょう。晋の時代に書かれた、神仙術の集大成「抱朴子《ほうぼくし》」は、平安時代初め、宇多天皇の時にはよく読まれていたようです。不老不死、仙薬、そして不思議な仙術を使う人たちがいるという神仙思想が、奈良時代、日本にも入ってきて、京の都の平安貴族たちに信奉されていたわけです。社寺にとって経済的な基盤となる天皇・貴族たち、彼らに非常に人気があった神仙思想から天竺生まれの仙人が生まれてきたのではないでしょうか。

そして、中国の神仙思想にある、仙人の得意技の一つが空飛ぶ鉢、飛鉢法でした。

「飛鉢」の系譜―聖の秘法

神仙たちは霊力を身につけるため、山林に分け入って苦しい修行をします。そのような神仙思想に基づいた、後に「聖《ひじり》」と呼ばれる山林修行者が日本にも数多く出現し、山中に庵を結びました。書写山円教寺は平安時代初め性空上人によって開かれますが、それ以前から山中で修行する人々がいた痕跡が見つかっています。性空上人は、山林修行者の拠点だった書写山を霊地として認め、そこに庵を結んだのではないでしょうか。そうした拠点の中で、書写山のように国司や中央とうまく結びついていったところが、円教寺のような立派な伽藍を持つ大寺に発展していったと考えられます。性空上人は鉢を飛ばしはしませんが、護法童子である乙天・若天はじめ、さまざまな霊力を示したと伝えられています。

ところで、鉢を飛ばして布施を請うのは、法道仙人の専売特許ではありません。前出の「本朝神仙伝」にも、飛鉢法を会得した聖の話が収められています。たとえば、「比良山僧事」(第三十五)として、次のような話が出てきます。

比良山のある僧は、比べるもののないほどの「神験」があった。「仙道」をも学んであり、「飛鉢法」を行うことができた。ある時、大津からの船にこの鉢が飛来し、去ろうとしなかった。水主たちは鉢を嫌って、米一俵だけを鉢に置いた。すると、船中の米俵がすべて鉢に従って、雁の群れのように飛び去ってしまった。水主たちが僧を敬って拝むと、米は船中に戻ったという。

こうした空飛ぶ鉢の話でもっとも有名なのは、平安時代に成立した、国宝「信貴山《しぎさん》縁起絵巻」にある「飛倉の巻」の話でしょう。命蓮という、やはり山で修行をしている聖の話で、命蓮は生駒山から鉢を飛ばして供物を請うていました。ある時、山崎の長者の屋敷に鉢が飛来しますが、長者は米倉の隅に放り込んでしまいます。すると、鉢は米倉ごと持ち上げて空を飛び、妙蓮の所へ帰ってしまい、大慌てで長者たちが山中に駆けつけるという話です。倉は伽藍となりますが、米は鉢の上に一俵だけ置くとすべてが屋敷に飛び戻りました。一乗寺の縁起は、平安貴族たちに浸透していた神仙思想を背景とする、比良山の僧の話や信貴山の話と同じ系譜につながるものと考えられます。当時の社寺にとって、かれらは経済的な基盤となる人々であり、その支持を受けやすい話が縁起の中に取り込まれていくのは自然なことでした。

しかし、飛鉢の話は庶民にとっても霊験として受け入りやすい話であり、播磨各地に流布しました。たとえば、播磨灘に浮かぶ家島でも、井戸を湧かせた、薬草で病人を助けたという話の他、鉢を海に飛ばして布施を請うた話が伝えられています。ところが、ある不心得な漁師が生臭物、イワシともカレイともいわれますが、魚を鉢に放り込んだため、途端に暴風雨が起きて船は沈み、法道仙人は家島から向かいの網干へ飛んでいってしまったとか。鉢はいったん海の底に沈んだけれども、網干の浜に流れ着き、鶴立山大覚寺に納められた。仙人は朝日山へ行き、大日寺（姫路市勝原区）を開いたと伝えられています。

生石（おうしこ）明神と「飛鉢」——仙人の来た道

もう一つ、播磨の飛鉢伝承を紹介したいと思います。高砂市に、石の宝殿をご神体とする生《おう》石《しこ》神社があります。江戸時代の「播州法華山一乗寺縁起」（宝暦三年（一七五三））には、次のように書かれています。

（法道仙人は）また、かの鉢を飛ばして人の供養を受く。ゆえに、生石の大明神帰依ありて、鉢を石の上に置きたまへ、供に奉らんと宣ふ。今、このところを空鉢塚と名づく。すなわち、神祠の西南にあり。（略）

つまり、生石大明神が法道仙人の鉢が飛んでくると、石の上に鉢を置いて供物を捧げたというわけです。今、生石神社の西南に位置する加茂神社に、「法道仙人空鉢塚」と刻まれた石碑がありますす。石の宝殿は「作石」として「播磨国風土記」にもその存在が記されていますし、古墳時代にはこの地で産する竜山石が「大王の棺」、石棺の材料としてヤマト王権に重用されました。竜山石の運搬にも用いられた、生石神社の下を流れる法華山谷川は、その名前からも察せられる通り、遡っていくと一乗寺に行き着きます。伝承の起点となる一乗寺の縁起に、生石の神が法道仙人に供物を捧げたと記されている。このことは、法華山谷川で結ばれているこの二つの地に、深いつながりがあることを想像させます。

加茂神社の空鉢塚

　そこで思い出されるのが、法華山一乗寺との関連を指摘される加西市東剣坂町にある古法華の石仏です。山伏の修行場であり、かつては盛大な護摩焚きが行われ、多くの参拝者を集めていた場所で、小堂に隣接する収蔵庫の中に白鳳時代の石造品、「石造浮彫如来及び両脇侍像（附、石造厨子屋蓋）」（国の重要文化財）が納められています。一乗寺に収蔵される金銅仏と同時代の石造品の存在は、二つの寺が共通の起源を持つ可能性を示しているのではないでしょうか。

　古法華の石仏は、きわめて優れた技術で彫り上げられています。日本に仏教をもたらした渡来人は、鉄や文字など多種多様な先進技術、文化を伝えました。その中に、石の技術、文化もあったといわれます。法華山の下流である竜山石の産地に住み、石の宝殿という巨大な石造物を生み出したのも、渡来系の人々だったのではないかと考えられます。一乗寺の縁起に地名由来のある米田は、竜山周辺の地です。法華山から遠く、直接的な関係がない米田の地名由来が、わざわざ縁起に語られるのはなぜでしょうか。この一帯に勢力を持っていた渡来系の人々が、一乗寺の起源になるような寺院の創建に関わり、それによって米田にまつわる話が縁起に組み込まれたのではないかと推測しています。

さらに想像をたくましくすれば、天竺生れという法道仙人の出自は、源初的な信仰の基盤となったのが渡来系の人々だったことによるのかもしれません。考古遺物や「播磨国風土記」などから、播磨は渡来系の人々が多く住み、交流も盛んであったとされます。天竺から来た仙人の開基伝承が受け入れられ、地域独自の寺院開基者として広範な分布を見せる下地は、播磨の古い歴史と関わりを持っていると考えられます。

❖法道仙人の意味するもの

表1に見るように、江戸時代には、さまざまな法道仙人伝承が見られます。今も伝承が生き

ている地が少なくありません。最後に、信仰が広がり、浸透していく過程で、法道仙人が播磨の人々にとってどんな存在となっていったのかに触れておきたいと思います。

法道仙人の伝承の中に、水との関わりを語るものがいくつも見られます。朝光寺の鹿野清水もそのひとつですが、一乗寺の入口近くに細い流れがあり、それに沿って進んでいくと「法道仙人乗馬蹄跡之清水」と刻んだ石碑があります。今は蹄跡も定かではありませんが、法道仙人が馬に乗って降り立った時に蹄跡がついて、そこに清水が湧いたという話が伝えられていたようです。加西市志方町にも、「法道仙人駒之蹄跡」という史跡が残っています。蹄跡とされる窪みに昔は水が溜まっていて、その水で目を洗うと眼病が治るという信仰がありました。また、「不増不滅」の霊水だという言い伝えもありました。

たつの市揖保川町には、今は廃寺となった龍立寺《りゅうりゅう》という寺があります。古代寺院、金剛山廃寺跡に建った寺です。縁起によると、法道仙人がいた時、一人の女人が参詣して、花瓶をつかんだと思うとその水を飲み干し、龍となって昇天したといいます。水と法道仙人との関係で想起されるのは、鬼追いを行う（かつて行っていた）ところが仙人開基の寺院には多いと指摘されていることです。鬼追いは、基本的には正月に行われる修正会の結願の日に、鬼に扮した人々が舞い踊る行事です。播磨に特色的に分布する行事のひとつですが、年初めにその年の豊作を祈願する予祝行事とされ、鬼は年神的な存在とされます。

法道仙人乗馬蹄跡の清水（一乗寺）

山林修行者の籠もる山は、山麓に住む人々にとっては水源の地でもありました。豊穣をもたらす水の源、山に神霊が籠もるとする信仰は、農耕の始まりとともに培われてきた古い信仰といえるでしょう。農耕との関わりを示す法道仙人伝承もあります。水にまつわる伝承は、人々にとっての法道仙人像が単なる寺院開基者の枠を越えたものになっていったことを示しているようです。

寺々の縁起を分析してみると、法道仙人がどんな役割を担っているかによってその成立年代が推測できることなどを指摘しましたが、法道仙人伝承は西国巡礼、修験道、あるいは神仙思想など、いくつもの要素が複雑に折り重なって成立していきます。天竺から来た法道仙人がどのようにして播磨を中心とする地に根付いたのか、まだまだ解き明かせない謎が残っています。各地に残る法道仙人の縁起、伝承を紐解くことは、一乗寺や朝光寺などの寺の歴史だけでなく、播磨の歴史を探る一つの手がかりになるのではないでしょうか。

浄土寺の彫像——重源・快慶の事績を中心に

岩田茂樹

❖浄土寺の起こり

浄土寺（小野市浄谷町）は、東大寺大勧進俊乗房重源（一一二一～一二〇六）によって、東大寺領（東大寺の荘園）大部荘に東大寺復興のための拠点のひとつとして設けられた「播磨別所」に端を発します。平安末の治承四年（一一八〇）、源平の抗争のあおりを受けて、平重衡が率いる軍隊が奈良の僧兵と対立し、僧兵が根拠としていた奈良の地を焼き討ちしてしまった事件「治承の兵火」により、東大寺は大仏殿が焼失するなどの大きな被害を受けました。それで重源が、朝廷から東大寺復興の命を受けて、大勧進という名の職に就き、東大寺の再興に尽力したのです。

❖重源の生涯とその事績

まず、浄土寺の創建に大きくかかわった重源の生涯を眺めておきましょう。

保安二（一一二一）　誕生、父は京都の武士で滝口左馬允紀季重という（一歳）

長承二（一一三三）　出家、醍醐寺に入る　（一三歳）
保延三（一一三七）　四国を廻り修行　（一七歳）
仁安二（一一六七）　入宋、天台山・阿育王山等に参詣　（四七歳）
　　＊都合三度の入宋を自称
治承四（一一八〇）　平重衡軍の兵火により東大寺焼亡　（六〇歳）
養和元（一一八一）　東大寺造営の大勧進に任ぜられる　（六一歳）
〃　大仏螺髪鋳造始まる
寿永元（一一八二）　宋人の鋳物師陳和卿を大仏鋳造に起用　（六二歳）
寿永二（一一八三）　このころから人々に阿弥陀仏号の付与を始める　（六三歳）
文治元（一一八五）　大仏開眼供養　（六五歳）
文治二（一一八六）　伊勢大神宮に参詣、東大寺造営の成功を祈る　（六六歳）
建久元（一一九〇）　東大寺大仏殿上棟　（七〇歳）
建久五（一一九四）　仏師院尊ら、大仏光背を造り始める　（七四歳）
建久六（一一九五）　大仏殿落慶供養、重源に大和尚の号が授けられる　（七五歳）
建久七（一一九六）　大仏殿両脇侍像・四天王像を造立　（七六歳）
〃　自身の木像・画像の御影を阿育王寺に送る

建久八（一一九七）　東大寺鎮守八幡宮上棟　（七七歳）
〃　　　　　　　　東大寺戒壇堂を造営
正治元（一一九九）　東大寺南大門上棟　（七九歳）
建仁三（一二〇三）　東大寺南大門金剛力士像造立　（八三歳）
〃　　　　　　　　東大寺総供養
建永元（一二〇六）　示寂　（八六歳）

重源の生涯をとくに特徴づけているのが三度、中国の宋の国へ渡ったことです。事実ではないという研究者もいますが、いずれにせよ中国の仏教文化に非常に造詣が深かったことは間違いありません。中国南部の天台山・阿育王山という霊山に行ったのが四十七歳のときで、当時でいうと、晩年に近いといってもいいかもしれませんが、実は重源の華々しい活躍は還暦を迎えてからで、朝廷より大勧進として東大寺の復興に努力せよという命が下るのは、養和元年（一一八一）、重源六十一歳のときのことでした。

それからこれも大事なことですが、寿永二年（一一八三）、六十三歳の年に、人々に「阿弥陀仏号」を与え始めます。漢字の一文字の下に阿弥陀仏と付けて、名前として与えるのです。重源自身は「南無阿弥陀仏」という六字の名号をみずからの号とします。仏師快慶に対しては

「安阿弥陀仏」という号を与えました。自分の名を名のると阿弥陀仏の名号を唱えることになる、それによって極楽への縁を結ぶ、そういう発想であったといわれています。

大仏開眼（六十五歳）、大仏殿棟上げ（七十歳）を経て、大仏殿落慶供養が行なわれたのは、実に重源七十五歳のときのことでした。この重源が復興した東大寺は残念ながら、戦国時代の松永久秀の乱によって多くが失われるのですが、幸いにも巨大な南大門一棟のみは今日、鎌倉時代初期の偉容を伝え、二体の金剛力士像も現在に伝えられています。

重源は建仁三年（一二〇三）、八十三歳のときに東大寺総供養を成し遂げ、その三年後、八十六歳で示寂しました。

東大寺俊乗堂の本尊として祀られている重源上人坐像（国宝）は等身大の彫刻です。おそらく亡くなる直前のお姿を写しているということで、八十歳をゆうに越えたお姿ということになります。それでありながら、大事業を成し遂げた人物ならではの気迫のようなものを正確に写しとった見事な彫刻です。作者は定かではありません。かつては快慶説が有力でしたが、近年は運慶説に傾きつつあるものの、まだ決め手はないという状況です。

❖ 別所について

先ほど「浄土寺は播磨別所の後身寺院である」という意味のことを申し上げました。「別所」とは何でしょうか。「もとは寺域内の空閑地（あいた土地）など未開発の地を占定し、そこに造営された宗教施設をいう」というのが辞書的な説明です。重源は東大寺を再興するにあたり、勧進というシステムで人々の力と経済的な支援を結集することによって、これを成し遂げようとするわけですが、その勧進活動の拠点として、畿内近国および山陽道の各所に別所を設けました。『南無阿弥陀仏作善集《さぜん》』によると七別所は、東大寺別所、高野《こうや》新別所、摂津渡辺別所、伊賀別所、そして播磨別所、備中別所、周防別所です。

別所はたんに造営資金調達の事務所ではなく、寺ということで、信仰の拠点として堂舎が設けられ、思想の実践の場となりました。七別所のうち、重源が東大寺の再興に携わる以前から住んでいた高野新別所は少し異質なところもありますが、それ以外の別所は、いずれも阿弥陀如来、しかも大きな阿弥陀如来像を安置する浄土堂が建てられ、ここにこそ重源の信仰の本質を見るべきだろうと思われます。とくに古くから東大寺の荘園があった伊賀、播磨、そして大仏殿再建の材木調達の料国となった周防には、今もその法灯を伝える新大仏寺（伊賀／三重県）、浄土寺、阿弥陀寺（周防／山口県）があります。
　その浄土寺に現存し、本日取り上げる影像はこの四件の作品です。（一）浄土寺浄土堂本尊・阿弥陀如来及び観音・勢至菩薩立像（快慶作、国宝）（二）浄土寺・裸形阿弥陀如来立像（快慶作、重要文化財）（三）浄土寺・菩薩面（快慶作、重要文化財）。現在二十五面が残る。（四）浄土寺開山堂伝来・木造重源上人坐像（重要文化財）
　この四件の作品についてお話しするにあたり検討すべき史料として次の三つがあります。（一）重源譲状（東大寺文書）（二）南無阿弥陀仏作善集（東京大学史料編纂所蔵）（三）浄土寺縁起（神戸大学図書館蔵）

❖重源譲状（東大寺文書）

東大寺大和尚南无阿弥陀仏
奉譲　東南院々主律師含阿弥陀仏寺領并堂舎事
（中　略）
幡《（ママ）》磨大部庄内別所
　浄土堂一宇方三間瓦葺

安置立像皆金色阿弥陀仏三尊丈六像
仏舎利　鐘
薬師堂一宇　同
安置旧仏八百余体
（中　略）
幡磨大部庄者、往古寺領也、然而廃到年尚、而南無阿弥陀仏申後白河院充賜和卿、即成下宣旨、被差遣官使、改打四至牓示、已後専為一円地、更無相交之方、和卿同以寄付大仏御領、一向為南無阿弥陀（ママ）進止、仍以年来同行如阿弥陀仏与観阿弥陀仏両人所令補預所職也、抑此庄東北角有随分之勝地、卜其処新建立別所、号南無阿弥陀仏別所、構立方三間瓦葺堂一宇、号浄土堂、奉安置皆金色阿弥陀丈六立像、修念仏三昧、又立同堂一宇、号薬師堂、
（中　略）
建久八年六月十五日　東大寺大和尚在判

建久八年（一一九七）の文書です。一行目の「東大寺大和尚《だいかしょう》南无阿弥陀仏」は重源のことです。東大寺再興の功績が朝廷に認められ、大和尚という位をもらいました。重源が所有ないしは管理する土地や施設、あるいはそこに収められている備品を譲り渡すということを記した

文書です。譲られた相手は東大寺内「東南院々主律師含阿弥陀仏」、これは定範《じょうはん》というお坊さんです。含阿弥陀仏というのは重源からもらった名です。定範にさまざまなものが譲り渡され、そのなかに播磨の大部荘もありました。まず「浄土堂一宇」、それからそのなかに安置されていた「皆金色《かいこんじき》」、つまり全身金色の立ったお姿の阿弥陀三尊丈六像。丈六というのは一丈六尺の略で、五メートルにちょっと満たないぐらいです。

「播磨の大部荘は元々東大寺の寺領だった。これを重源が時の権力者後白河院に、宋人の鋳物師・陳和卿に与えてくれとお願いし、許可されたが、陳和卿はこれをさらに東大寺の大仏のためのものとして寺に寄進をした」ということが書かれています。その大部荘の土地を重源が差配するようになっていくわけですが、「重源はみずからのそばにいて一緒にいろいろな仕事をしてきた如阿弥陀仏、観阿弥陀仏という阿弥陀仏号を持つ二人の人物に現地の管理を委ねた。そこの別所を、南無阿弥陀仏別所と当初呼んだ。そのなかにお堂を建て、これを浄土堂と号した。そのなかに皆金色の阿弥陀丈六立像を安置した」という内容です。

❖南無阿弥陀仏作善集（東京大学史料編纂所蔵）

南無阿弥陀仏すなわち重源の、仏教者として為してきたさまざまな善行を目録化したものです。日付の奥書はありませんが、東大寺再興が一段落した建仁二〜三年（一二〇二〜〇三）ごろに編纂された史料のようです。重源の弟子の筆になるという説が有力です。

奉造立修復大仏并丈六仏像員数

合

大仏殿七体　浄土堂十体　伊賀別所三体此外石像地蔵一体

（中略）

播磨国一体　備中別所一体　備前常行堂一、

（中略）

東大寺別所

（中略）

高野新別所

（中略）

播磨并伊賀丈六奉為本様画像阿弥陀三尊一鋪唐筆

渡辺別所

一間四面浄土堂一宇奉安皆金色丈六阿弥像一、并観音勢至

来迎堂一宇奉安皆金色来迎弥陀来迎像一、長八尺

娑婆屋一宇　銅五輪塔一基奉納仏舎利三粒
大湯屋一宇在鉄湯船并釜　鐘一口在鐘堂一宇
天童装束卅具　菩薩装束二十八具　楽器等
印仏一面一千余体　奉始迎講之後六年成建仁二年六年
奉結縁一間四面小堂一宇

播磨別所

浄土堂一宇奉安皆金色阿弥陀丈六立像一、并観音勢至
一間四面薬師堂一宇　奉安竪丈六一、
湯屋一宇在常湯一口　奉結縁長尾寺御堂并丈六三体観音勢至四天
施入鐘一口　始置迎講之後二年始自正治二年
弥陀来迎立像一体　鐘一口
（中略）

備中別所

浄土堂一宇　奉安置丈六弥陀像一、
（中略）

周防南無阿弥陀仏

一間四面浄土堂一宇奉安弥陀丈六像一体
鐘一口　湯屋一宇在釜
（中略）
伊賀別所
卜五古霊瑞也建立一別所当其中古崎引平
厳石立一堂仏塔大座皆石也
奉安置皆金色弥陀三尊来迎立像一、并観音勢至各丈六
鐘一口至肩長四尺　湯屋一宇在釜
（後略）

最初に「重源が造立・修復した大仏ならびに丈六仏像の数」が出てきます。「大仏殿七体」は東大寺大仏殿の大仏、両脇侍、四天王の合わせて七体のことで、すべて丈六を超えるような巨大なものでした。

浄土寺関係で注意しておきたいのは高野新別所の「播磨并伊賀丈六奉為本様画像阿弥陀三尊一鋪　唐筆」で、本様《ほんよう》は手本、「播磨別所・伊賀別所の丈六像の手本にした仏画の阿弥陀三尊像があり、それは中国出来の宋画であった」と書かれている。これは非常に大事なところです。

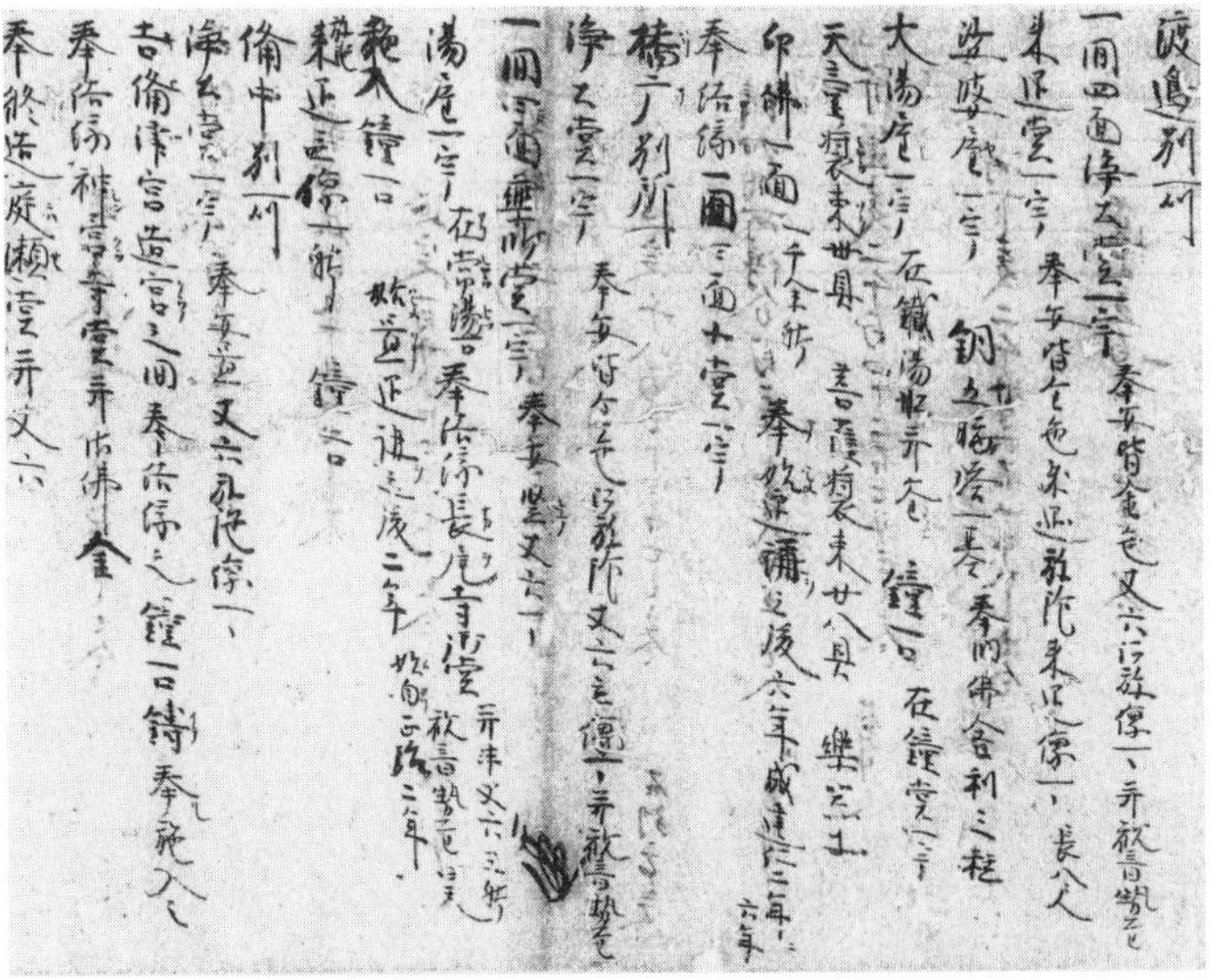

南無阿弥陀仏作善集（東京大学史料編纂所蔵）

渡辺別所は大阪市内にあった別所で、現存しませんが、浄土寺を考えるうえでも大事な別所です。「娑婆屋というお堂もあった。そこに納められている什物《じゅうもつ》は天童装束が三十具、菩薩装束が二十八具、楽器等、印仏一面一千余体。迎講《むかえこう》という行事を始めて建仁二年（一二〇二）で六年目になる」とあります。

いよいよ播磨別所です。「浄土堂一宇。皆金色の阿弥陀丈六像とその脇侍の観音・勢至の阿弥陀三尊像」。お堂と仏像、ともに現存しています。「一間四面の薬師堂一宇。竪《しゅの》丈六一体」。現存の薬師堂は室町時代の再建薬師堂で、作善集に出てくるのは鎌倉時代に建てられた先代の薬師堂のことです。「竪の丈六」というのは周丈六、中国の王朝の周時代のものさしのこと、それに対して唐時代のものさしだと唐丈六で、周のものさしのほうが二～三割ほど小さい。したがって「竪（周）の丈六」は、唐尺の丈六よりも一回り小さい丈六ということになります。「湯屋（風呂）一宇。在常湯一口」。湯を沸かして人々に入浴させるというのは仏教的に大きな功徳と考えられていました。またさまざまな病を避けるという実際的な意味合いもあったのでしょう。重源は盛んに湯屋をつくっています。

播磨別所にも渡辺別所のところで見た迎講が出てきます。「正治二年（一二〇〇）から始めて二年になる。そこには弥陀来迎立像一体が祀られていた。鐘一口もあった」

次の周防南無阿弥陀仏は周防別所、現在の阿弥陀寺（防府市）です。湯屋があり、今も実際にお風呂として使い続けています。あくまでも仏教の一つの儀式・修行として風呂に入るということで、今の銭湯のようになみなみと満たした湯にドボンと浸かるのではなく、湯を沸かすことで湯気をもうもうと上げるという、イメージとしてはサウナに近いものです。現在の阿弥陀寺には茅葺きの仁王門があり、文献の記録を伴いませんが、快慶風に近い作風を示す仁王像（重要文化財）が門に安置されています。それから、東大寺の重源像とはずいぶん趣きの違う、若いような気がする重源像が現存します。

伊賀別所は現在の新大仏寺で、三重県伊賀市（旧大山田村阿波）にあります。「皆金色弥陀三尊来迎立像一、并観音勢至各丈六」を安置していたとあります。現在、大仏堂と呼ばれる建物にはかつて大きな仏さまがいて、今は収蔵庫に移動しています。それで、今はなぜか盧舎那仏坐像として祀られています。今は立像ではありません。

❖浄土寺縁起（神戸大学附属図書館蔵）

原本成立は寛元元年（一二四三）ごろ、観阿弥陀仏の弟子によるものかと思われます。観阿弥陀仏は「重源譲状」に出てきた、播磨別所（浄土寺）の創建期に重源から現地の管理を委ねられた二人の阿弥陀仏号を持つ人物のうちの一人で、この「浄土寺縁起」にはなぜか、もう一人の如阿弥陀仏は出てきません。現存の神戸大学にある写本は、慶長十九年（一六一四）の書写本です。

「浄土寺縁起」は三部構成になっていて、第一部は重源の伝記、第二部は浄土寺の縁起、ゆかり、経緯、その什物について、第三部は観阿弥陀仏の伝記あるいは往生の顛末です。

（前略）

一浄土堂一宇瓦葺　（九）間四面

然シテ後建久五甲寅ヨリ慶長十九年甲寅至迄テ四百廿一年ニ当欤

建久五年甲寅十月十五日棟上大工豊後介紀
清永　奉安置一丈六尺皆金色阿弥陀如来
立像一体八尺観音勢至立像各一体
大仏師丹波法眼懐（ママ）慶
建久八年丁巳八月二十三日供養
導師笠置解脱上人貞慶
一薬師堂一宇瓦葺一間四面
建久八丁巳歳三月廿八日棟上大工同前
奉安置丈六薬師如来座像一体是御本仏尊
者広渡寺之本尊也、種々之霊験異他、日光
月光二菩薩立像各一体新造、同十二神等此
堂奉移、九箇寺古仏菩薩像七百余体
正治二年庚申四月十三日辰剋供養、導師者
南都東南院法印定範、真言供養也ト云々
一経蔵一宇　奉安置仏舎利六粒納五輪銅
塔并五部大乗経二百三十巻大般若経一部六百巻　天台宗章疏　浄土宗疏

一鐘一口　長三尺七寸口径二尺　建久四年癸丑六月、於
東大寺鋳之畢　同歳八月下遣当寺也
一湯屋一宇板葺三間四面　釜一口十石納於魚住
泊鋳之　湯船一鉄長六尺口三尺五寸
建久四年癸丑六月自東大寺下之、則始而一千日
不断湯焼之也
一来迎具足　建仁元年辛酉十月三日　中尊八尺
立像安阿弥陀仏作也　菩薩面二十七同作
同装束二十七具　天童装束二十四具　舞装束
三具　同陵王一具　落蹲二具
唐幡廿七流　結幡四流　幢幡八流
楽器等　太鼓　羯鼓　方磬　鉦鼓
一鎮守八幡宮御殿一宇檜皮葺三間也
御遷宮
仁（人）王（皇）八十六代四条院御宇御堀川院第一御子也
賀（嘉）禎元季乙未十一月十日
慶長十九甲寅ニ至テ三百五十季也

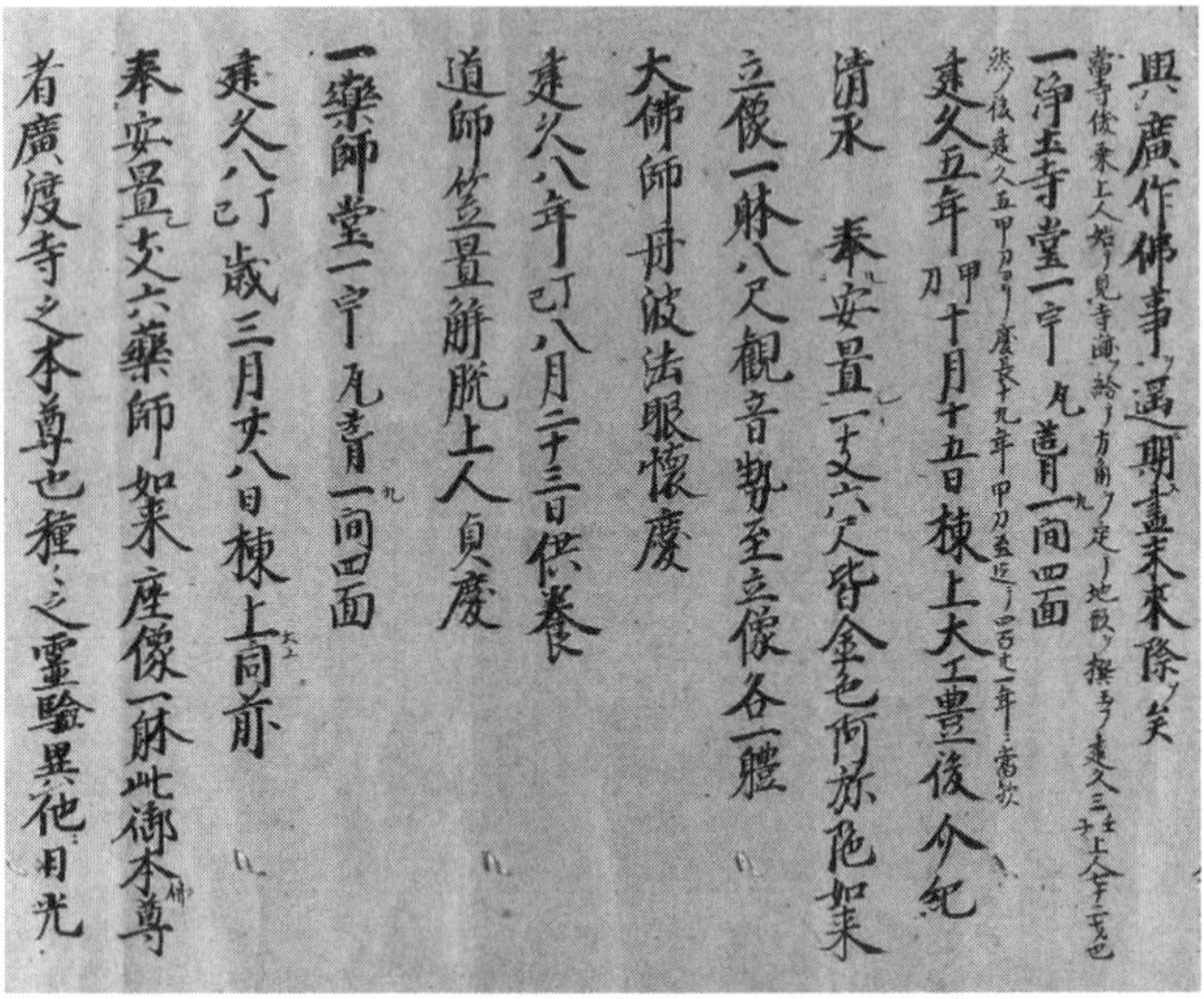
興廣作佛事ヲ遥期ス盡未來際ヲ矣
當寺依乘上人始テ見寺地ヲ給リ方角ヲ定メ地敢ヲ撰ミテ建久三壬子上人年七十二也
一浄土寺堂一宇九間一間四面
然ノ後建久五甲寅ヨリ慶長十九年甲寅ニ至ル迄四百廿一年ニ當故
建久五年甲寅十月十五日棟上大工豊後介紀
清末　奉安置丈六尺皆金色阿弥陀如来
立像一躰八尺観音勢至立像各一體
大佛師丹波法眼懐慶
建久八年丁巳八月廿三日供養
導師笠置解脱上人貞慶
一藥師堂一宇九間一間四面
建久八丁巳歳三月廿八日棟上同前
奉安置丈六藥師如来座像一躰此御本尊
者廣渡寺之本尊也種々之霊驗異他日光

浄土寺縁起（神戸大学附属図書館蔵）

一拝殿一宇板葺七間
御殿ヨリ五年後也
延応元己亥八月十日作之
食堂　護摩堂　御影堂
鐘楼堂　往生院　此等事
写本不記之間不知也云々

第二部の、浄土寺の濫觴と、今回の話にとって一番大事な台帳の部分をご説明します。

浄土寺は「建久三年（一一九二）に播磨の大部郷が東大寺の勧進の料所として寄付された。重源は後白河院の命を奉り、ここに新たな荘園（別所）を興し、弟子の観阿弥陀仏に管理運営を任せた」。「近在地に九カ寺があったがみんな破損しており、観阿弥陀仏はその復興を志して重源に相談したところ、全部を復興しても保ちきれないだろうから、それらの寺にある仏像を集め、一ヵ所に祀るよう指示されて、そのとおりにした」。その集められた仏像は七百とか八百とかいう非常に多い数で、薬師堂に納めたようですが、現在に伝わってはいません。

寺の台帳になる部分が重要なので、ここをじっくりと見たいと思います。「浄土堂。建久五年（一一九四）十月十五日に棟上げされた。大工は豊後介紀清永《きのきよなが》。そこに安置し奉ったのが、一丈六尺の皆金色の阿弥陀如来立像一体と、八尺の観音勢至立像各一体であった。快慶の作である。お堂ならびにお像の供養は建久八年（一一九七）八月二十三日。供養導師は笠置の解脱上人貞慶《じょうけい》であった」。貞慶は興福寺のお坊さんで、鎌倉旧仏教界の大変重要な人物です。藤原氏の出身で、信西《しんぜい》入道（藤原通憲）の孫です。「薬師堂一宇。建久八年に棟上げした。大工は同じ人であった。安置し奉ったのが丈六の薬師如来像。広渡寺《こうとじ》の本尊だったのを移したものだ。霊験仏だった。脇侍の日光菩薩・月光菩薩は新たにつくった。薬師の仏国土を守る役割を担う十二神将像は別のお堂から移してきた。九カ寺古仏が七百余体あった。正治二年（一二〇〇）四月十三日辰剋に供養がなされ、導師は南都東南院法印定範《じょうはん》であった」。この定範は、「重源譲状」において重源から寺領その他を譲り渡された相手として出てきました。「経蔵一宇、そこに仏舎利六粒を五輪銅塔に納めて安置した」。この五輪塔は浄土寺に現存しています。三角五輪塔という、おそらく重源が発案した独特の五輪塔で、下から三番目の火輪が、通常は四角錐ですが、三角錐になっています。「五部大乗経などお経もたくさん納められた。鐘は東大寺で鋳造したものを運んだ。湯屋の釜は、播磨の魚住の泊で鋳造した。お湯を供養してふるまった。来迎会という仏教儀式に使うための道具である来迎具足を建仁元年（一二〇一）十月三日に納めた。中尊として八尺の阿弥陀如来立像が造られた。安阿弥陀仏作の作である」。安阿弥陀仏というのは快慶の阿弥陀仏号です。「菩薩面二十七も同作（快慶作）。同装束二十七具、天童装束二十四具、舞装束三具、同陵王一具、落蹲二具があった」。陵王と落蹲《らくそん》は舞楽の曲の一つです。「幡《ばん》やさまざまな楽器もあった。鎮守八幡宮御殿一宇が嘉禎元年（一二三五）に播磨別所の地に勧請されてきて建てられた」、三十年ほど遅れて建てられたわけです。「御殿より五年のちに拝殿も建てられた。ほかに食堂、護摩堂、御影堂、鐘楼堂、往生院、こういうお堂があったことははっきりしているけれども、この浄土寺縁起の写本にはその創建年次や大工が誰であったかという詳しい記録がなかったので、書くことができない」。

❖浄土寺の略史

建久三（一一九二）カ　播磨大部荘が東大寺勧進料所として寄附される

預所職に如阿弥陀仏・観阿弥陀仏の両名が任ぜられる
建久四（一一九三）六月　東大寺で鐘・湯船を鋳造、八月に浄土寺へ運ぶか
建久五（一一九四）一〇・一五　浄土堂上棟
建久六（一一九五）四・一五　快慶作丈六阿弥陀如来立像の像内に結縁交名が記される
建久八（一一九七）八・二三　浄土堂供養、導師は貞慶　＊快慶作一丈六尺阿弥陀如来、観
音・勢至菩薩立像を安置
〃　三・二八　薬師堂上棟
正治二（一二〇〇）四・一三　薬師堂供養
建仁元（一二〇一）一〇・三　八尺阿弥陀如来像・菩薩面他の来迎具足を整える
建永元（一二〇六）六・五　重源没す
天福二（一二三四）二・一〇　木像重源上人坐像を奈良から浄土寺に運ぶ
嘉禎元（一二三五）一一・一〇　鎮守八幡宮社殿造営（遷宮）
延応元（一二三九）八・一〇　鎮守八幡宮拝殿造営
仁治三（一二四二）一二・五　観阿弥陀仏没す
寛元元（一二四三）「浄土寺縁起」観阿弥陀仏の弟子により成立か
建長六（一二五四）三・一七　御影堂上棟

建長八（一二五六）四・二九　御影堂に重源上人像を安置
文明十九（一四八七）六・二八頃　浄土堂修理か
明応七（一四九八）一二・二七　薬師堂・御影堂、兵乱により焼失。
永正二（一五〇五）七・二四　薬師堂立柱
永正十四（一五一七）八・二七　薬師堂上棟
永正十七（一五二〇）　御影堂上棟

現在、浄土堂に祀られている快慶作丈六阿弥陀如来立像の像内銘には、建久六年（一一九五）四月十五日の年紀を伴う結縁交名《けちえんきょうみょう》（が記されました。それによって、このときこのお像が制作途中であったことがわかります。結縁交名というのは、浄財を寄進したとか実際に手を動かしてお手伝いしたとか、造像になんらかのかたちで縁を結んだ人の名前が記されているものです。

❖快慶の生涯とその事績

先ほどから、浄土寺の仏像の造り手として名前が何度となく出てきた快慶（生没年未詳）の、生涯と事績についても振り返っておきたいと思います。

治承四（一一八〇）一二・二八　南都焼討ち
寿永二（一一八三）四・二九　運慶願経に結縁
文治五（一一八九）九・一五　弥勒菩薩立像（ボストン美術館蔵、興福寺旧蔵）造立
建久三（一一九二）一一・二　醍醐寺弥勒菩薩坐像を造る（願主は醍醐寺座主勝賢、「巧匠アン〔梵字〕阿弥陀仏」の名のりの初例）
建久五（一一九四）一二・二〇　石山寺多宝塔落慶供養、本尊は快慶作
〃　一二・二六　東大寺中門二天像造立開始、快慶は東方多聞天を担当
建久六（一一九五）三・一二　東大寺大仏殿落慶供養、快慶は功を師康慶の子康弁に譲る
〃　四・一五　浄土寺本尊阿弥陀如来像の像内に結縁交名が書かれる
建久七（一一九六）六・一三　京都・九条御堂で重源が大仏殿四天王像の本様を後鳥羽天皇に披露（広目天像は快慶作）
〃　八月　大仏殿両脇侍像造立開始（快慶は法橋定覚とともに左脇侍像を担当）
正治二（一二〇〇）一一・一一　高野山孔雀堂落慶供養（本尊は快慶作）

建仁元（一二〇一）一〇・三　浄土寺の来迎会（迎講）の道具が調進される（阿弥陀如来像と菩薩面は快慶作）

〃　一二・二七　東大寺鎮守八幡宮の僧形八幡神像が開眼供養される（造立施主快慶）

建仁二（一二〇二）　東大寺俊乗堂の阿弥陀如来立像の造立開始

＊このころ、伊賀別所（新大仏寺）阿弥陀如来像を造る

建仁三（一二〇三）一一・三〇　東大寺総供養、快慶は法橋に叙任される

承元二（一二〇八）四・二八　石清水八幡宮に僧形八幡神画像を奉納

承元四（一二一〇）七・八　青蓮院熾盛光堂に釈迦如来像を安置（このとき快慶は法眼）

建保六（一二一八）一二・一五　清凉寺釈迦如来立像を修理

建保七（一二一九）四・一七　長谷寺本尊十一面観音像の再興を開始

〃　一〇・二八　同像開眼供養

承久三（一二二一）七月　道助法親王（後鳥羽天皇第二皇子）高野山に入り、光台院を創建（本尊は快慶作阿弥陀三尊像）

嘉禄三（一二二七）七・二四　京都・極楽寺阿弥陀如来像納入品中の「嘉禄三年法花三十講経御名帳」に「過去法眼快慶」とあり、この日以前に没したことが知られる

❖浄土寺浄土堂本尊　快慶作阿弥陀如来像について

○阿弥陀如来立像　国宝　木造　漆箔

［法量］像高（足の裏から頭のてっぺんまで）五三〇・三センチ、髪際高四八五・五センチ（一丈六尺二寸）

［形状］内衣・覆肩衣・右肩を覆う別衣・袈裟・裙《くん》を着ける。左手は屈臂し胸前で仰掌、第一・三指を相捻じ、第四指を曲げる。右手は垂下、掌を前に向け五指を伸ばす（いわゆる「逆手来迎印」）。台座は雲座（来迎形）。光背は二重円相光。

［銘記］体部内刳面に二百名を超える結縁者の名が墨書される（ただし重源や観阿弥陀仏の名は認められない）。

［納入品］頭部内に七巻ほどの巻子および包み状の納入品がある。

変わっているのが、左手を上げて右手を下げるというポーズと、左手の印相です。通常の来迎印の阿弥陀は、右手を上げ左手を下げ、掌をいずれも前に向け、親指と人差し指で輪をつくります。両脇侍も、オーソドックスな来迎形《ぎょう》の観音勢至とは全然違います。また大事なのは、髪際で計った像高が四八五・五センチ、すなわち丈六ということです。如来像と菩薩像だと頭

浄土寺本堂阿弥陀三尊像
（写真提供：奈良国立博物館　撮影・佐々木香輔）

のかたちが違いますから、平安・鎌倉時代ごろには仏像の大きさを決める基準として一番大事なポイントは髪際での高さ、髪際《はっさい》高でした。丈六の像ということで、『作善集』あるいは『浄土寺縁起』の記載に一致します。

この変わったポーズの典拠は何でしょうか？　京都・知恩院に伝来する宋から渡来した阿弥陀浄土図の中尊や愛知県・西方寺に伝わるやはり中国から渡来した阿弥陀三尊像のポーズは浄土寺の阿弥陀とぴたりと一致します。ここで思い出していただきたいのは、『作善集』の高野新別所の項目の一行です。「播磨并びに伊賀丈六、本様と為し奉る画像　阿弥陀三尊一鋪　唐筆」。唐筆は中国（宋）画という意味で、つまり、逆手の来迎印というのは、中国画をモデルにしたからです。言い換えると、高野新別所に納められた宋画の阿弥陀三尊画像が、播磨・伊賀両別所の丈六像のお手本でした。

そうなると、浄土寺の本尊と新大仏寺の本尊は同じ形式でなければいけません。しかしながら、新大仏寺には現在、盧舎那仏坐像が祀られていると先ほどお話ししました。種明かしをしますと、新大仏寺の阿弥陀三尊は江戸時代初期の倒壊を経て、その後、阿弥陀如来立像ではなく盧舎那仏坐像として再興され、現在の姿となりました。したがって現存像は頭部は鎌倉時代の快慶作のもの、体部は江戸時代の祐慶作のものです。

新大仏寺像と浄土寺像は、いずれも宋画の阿弥陀をモデルにして、作者が同じ快慶ですが、面相（顔）はずいぶん違います。新大仏寺像の面相は、切れ長の目尻、頬のしっかりとした張り、理知的な面差しと、いかにも快慶風です。それに対して浄土寺のやや面ながな面相は異色です。浄土寺像のほうが新大仏寺像より五年ほど早くできましたが、宋風をどの程度導入するか、あくまでも形式的なところにとどめるか、作風にも少し混ぜるか、快慶のなかに何か心境の変化があったのだろうと想像します。

［構造］頭・体の幹部は前後左右四材から彫出し、頭・体ともに内刳する。この四材は台座中心部を構成し、円形須弥壇を通り、床下地上約一メートルの高さに及ぶ。その材底部の四隅を、地上の礎石上に据えた四本の角材（上端は須弥壇上に達し、各材の内側を棚状にかき取る）で受ける。体幹部材、地上の角材はいずれも貫で固定（建築と合体させることで像の安定を図っている）。

三つの像は巨大で、通常の立ち方だと持たないという判断がなされて、このような、いわば建築とお堂の須弥壇および床と彫刻、御本尊が合体している独特の構造にしたのでしょう。この独特の構造あればこそ、地震などにも耐えて今日まで伝わってきたのです。

❖観音・勢至菩薩立像について

○両脇侍菩薩立像　国宝　木造　漆箔

［法量］左脇侍　像高三七二・三センチ　右脇侍　像高三七二・四センチ

［形状］左脇侍　両手屈臂、左手は胸前で仰掌、第三・四指を軽く曲げて水瓶を執り、右手は仰掌し、第二・三・四指を軽く曲げる。

右脇侍　両手屈臂、左手は腹前で仰掌、第三・四指を曲げて蓮茎の端を受け、右手は胸前で第一・三指を曲げて蓮茎を執る。

両脇侍は左右でずいぶん表情が違います。三尊像の制作は、快慶が棟梁として統括して、左・右脇侍は、快慶に匹敵するような高位の仏師たちに任せたのでしょうが、その二人の個性の差が二体の像の作風の差になっています。両手のポーズが、大変変わっていると先ほど申しました。宋風を導入して、形式的には宋の仏像を写しています。

このように、日本の来迎形阿弥陀三尊像の多くが、阿弥陀如来は左手を下げ右手を上げて、ともに第一・二指を相捻ずる来迎印を結び、観音菩薩は胸前で蓮台を奉持、勢至菩薩は合掌が通例であるのに、浄土寺像はまったく異なっているのです。

❖浄土寺・裸形阿弥陀如来像について

○裸形阿弥陀如来像　木造　寄木造　漆箔

浄土寺裸形阿弥陀如来像
（写真提供：奈良国立博物館　撮影・森村欣司）

この像はふだん、奈良国立博物館でお預かりしていて、「なら仏像館」でお出会いいただくことができます。下半身は彫刻で着衣を表現していますが、上半身は裸です。髪際で二四五センチ、八尺です。「浄土寺縁起」に「来迎具足中尊は八尺の立像で安阿弥陀仏（快慶）の作であった」とあったのはまさにこの像のことで、来迎会《らいごうえ》のための中尊でした。裸形像は平安時代から見え始め、鎌倉時代にある程度流行しました。法要の際に実際の布製の衣を着せることによって生まれる臨場感、現実感を狙う、また、毎年衣替えをする裸形像もあり、その衣を寄進することによる功徳、そういう意味合いがあったのだろうと思います。

❖ 浄土寺・菩薩面について

現存は二十五面ですが、「浄土寺縁起」によると元々二十七面あって、快慶の作だと記されています。二十七というのは、観音・勢至プラス二十五菩薩ということだと思います。

「浄土寺縁起」にいう来迎具足というのは、来迎会のための道具という意味でしょう。「来迎会」は「迎講《むかえこう》」ともいい、現代では「お練供養《おねりくよう》」の名で、奈良・當麻寺や京都・即成院《そくじょういん》、岡山・弘法寺、大阪・大念仏寺、東京・浄真寺などで法会が継続しています。「迎講」は、平安中期の比叡山・天台宗の僧で『往生要集《おうじょうようしゅう》』などの書を著し、日本の浄土教史上重要な役割を果たした恵心僧都源信が創始したといいます。

『観無量寿経』や『阿弥陀経』などには、阿弥陀が死者を迎えに来るという「聖衆来迎」が説かれました。それに基づいて源信も、『往生要集』のなかで聖衆来迎のお姿というのはこういうものだということを文章化しています。そして、そのような経説に基づいて阿弥陀来迎図が誕生しました。

浄土寺菩薩面
（写真提供：奈良国立博物館　撮影・佐々木香輔）

阿弥陀来迎図も源信が始めたとされています。平安時代の『後《ご》拾《しゅう》遺《い》往《おう》生《じょう》伝《でん》』という往生を遂げた人の伝記集のなかに平維茂（これもち）伝があります。源信に帰依していたこの人が亡くなるときに、源信から渡されたのが、極《ごく》楽《らく》迎《こう》接《しょう》曼《まん》陀《だ》羅《ら》でした。これが聖衆来迎図あるいは阿弥陀来迎図の起こりということになっています。

そして迎講は、阿弥陀来迎図に描かれたような阿弥陀聖衆来迎を演劇的に再現したものです。当初は大変素朴なものでしたが、だんだん規模が大きくなり発展していきます。『今昔物語』に、迎講を大々的にやりたいと考え実行した丹後国の聖人（お坊さん）の話が出てきます。「……既ニ迎講ノ日ニ成テ、儀式共微妙ニシテ事始マルニ、聖人ハ香炉ニ火ヲ焼テ娑婆に居タリ。仏ハ漸ク寄リ来リ給フニ、観音ハ紫金ノ台ヲ捧ゲ、勢至ハ蓋ヲ差シ、楽天ノ菩薩ハ一ノ鶏婁ヲ前トシテ微妙ノ音楽ヲ唱ヘテ、仏ニ随テ来ル。……聖人、気絶テ失ニケリ」。迎講の儀式のなかで本当に亡くなって往生してしまったという話です。

この話で聖人がいた「娑婆」は、娑婆堂のことと考えられます。『作善集』によると、大阪にあった渡辺別所には、建久七年（一一九六）に始まった迎講のための施設として、来迎堂と娑婆屋というお堂がありました。また浄土寺の迎講は、快慶作の八尺阿弥陀如来立像を中尊として、これに仮面と装束を身に着けた観音・勢至および二十五菩薩に扮した人が、さらに二十四人の童子（天童）を伴って現れる華々しいものでした。源信が始めた迎講はかなり素朴なものでしたが、それに比べずいぶんと大きなものになっていることがわかります。なかには鎌倉幕府の重鎮であった三浦義村による、相模国の海上で船を用いて興行した壮大なスケールの迎講もあったようです（『吾妻鏡』）。

迎講の実例としては、當麻寺のお練供養が一番有名でしょう。曼荼羅堂本尊の綴織當麻曼荼羅を制作したという中将姫の忌日、五月十四日に興行されるものです。曼荼羅を掛けている曼荼羅堂を来迎堂とし、娑婆堂まで来迎橋を架け、菩薩聖衆に扮した人たちが中将姫を来迎します。最後には、昔からあったのかどうか知りませんが、稚児装束がつきます。「浄土寺縁起」にも「天童装束」というのがありましたから、これに似たようなことはかつてから行なわれていたのでしょう。また、現在では行なわれていませんが、かつては木造の阿弥陀如来像の像内に人間が入って動かし、阿弥陀聖衆来迎を演劇的に見せました。

浄土寺では、昭和初期まで、断続的ながら来迎会（迎講）が行なわれていました。先ほど触れた裸形阿弥陀如来像は、細かいことは浄土寺縁起には書かれていませんが、八尺という大きさですから、中に入って動かすのではなく、台車にのせて動かしたと言い伝えられています。そして菩薩面が二十七面中二十五面まで当初のものが伝来することは、彩色などは後補とはいえ、驚嘆すべきことだと思います。また「浄土寺縁起」に説かれる、来迎会中尊の快慶作・八尺阿弥陀如来立像が、当初の表面仕上げや光背などを含めてほぼ完存することは、日本の文化財史上、奇跡的な残り方をしていると感じられてなりません。

❖ 浄土寺開山堂伝来・木造重源上人坐像について

最後に開山堂に伝来して、現在は奈良国立博物館でお預かりしている重源上人像についてお話しいたします。

○木造重源上人坐像　木造　彩色　寄木造　像高八一・六センチ＝等身大

像内銘がありまして、天福二年（一二三四）という制作年が定かになります。銘文から以下のことが判明します。

浄土寺重源上人坐像
（写真提供：奈良国立博物館　撮影・佐々木香輔）

天福二年二月十四日に智阿弥陀仏の勧進によって南都（奈良）から像を運んだこと。七日間、不断念仏と夜の説法が行なわれたこと。建長六年（一二五四）三月十七日に御影堂（今の開山堂の前身）の上棟が行なわれたこと。建長八年（一二五六）四月二十九日に像を御影堂に安置したこと。

浄土寺の重源像は、国宝の奈良・東大寺俊乗堂像の模刻で、よく似ています。シワの数を数えるとぴたりと合うほどです。「南都から運んだ」というのはつまり、東大寺像を写して造ったものを移したという意味です。しかしながら、東大寺像は重源が亡くなって間もない、印象がまだ強烈なときにつくられたものであり、それに対して浄土寺像は、亡くなってから三十年近く経ったときに東大寺像をモデルにしてつくったもので、原像の持つ迫力には勝てません。しかし浄土寺にとって大事な上人のお像ですから、現在、奈良で大事にお預かりしていますのでご安心ください。

一乗寺の天台高僧像
――その魅力とメッセージ――

小林達朗

❖ はじめに

私の属します東京文化財研究所といってもおなじみがない方も多いと思います。もとは、日本の近代洋画の基礎を作った黒田清輝という画家がおりますが、その遺言と遺産によって昭和五年（一九三〇）に美術研究所として発足した機関です。現在は保存科学や日本の技術をもって海外の文化財保護にあたるなど幅広く仕事をしています。私の居ります文化財情報資料部は、古代から近現代まで幅広く、有形の美術の資料の収集・研究にあたっております。

当然、美術作品の調査、研究も行っておりまして、例えば奈良国立博物館との共同研究として、高精細のカラー、近赤外線、蛍光、透過エックス線によって一乗寺の天台高僧像を調査しました。今回はその調査成果の一端をご紹介してまいりたいと思います。

❖ 一乗寺と天台高僧像

ご紹介するのは、兵庫県加西市にあります一乗寺―お寺では法華山一乗寺と名乗られることが多いようですが―この一乗寺が所有する聖徳太子及び天台高僧像です。（図1）一乗寺自体

1. 聖徳太子

2. 龍樹《りゅうじゅ》

3. 善無畏《ぜんむい》

4. 慧文《えもん》

5. 慧思《えし》

6. 智顗《ちぎ》

7. 灌頂《かんじょう》

8. 湛然《たんねん》

9. 最澄《さいちょう》

10. 円仁《えんにん》

図1　一乗寺の天台高僧像　十幅（国宝）

につきましては、この連続講演でもたびたびふれられ、皆様も既にご存知かと思います。古くは法華寺、法華山寺といい、十二世紀中頃の史料に現れます。お寺は何回か焼失にあっており、この絵が残されたのは奇跡的といっていいでしょう。これからご紹介する十幅の絵は制作期が十一世紀に遡るものですが、十一世紀以前の絵というのは本当にすくないものです。

今回のタイトルは一乗寺の天台高僧像と簡潔にいたしましたが、国宝指定の正式名称は「絹本著色聖徳太子及天台高僧像」というのが正式名称です。昭和二十八年指定の国宝です。これは昭和二十五年にできた文化財保護法ができてすぐで、それだけ著名な名品であったということです。旧国宝でもありました。これは戦後できた現在の文化財保護法以前にも「古社寺保存法」という法律があって指定をしておりましたが、この時は国宝と重要文化財の区別がなくて、すべて国宝でした。それも明治三十四年に指定されています。この制度で指定が始まったのが明治三十三年頃ですので、これもきわめて早い指定です。普通、聖徳太子、龍樹《りゅうじゅ》、善無畏《ぜんむい》、慧《え》文《もん》、慧思《えし》、智顗《ちぎ》、灌頂《かんじょう》、湛然《たんねん》、最澄《さいちょう》、円仁《えんにん》の順に並べます。聖徳太子はご存知のとおり日本の仏教を根付かせた人ですが、そのあとは、天竺つまりインドから中国、日本の天台宗で崇める主だった祖師をその人が生きた年代順に並べたものです。

実は、図版で出ている本や図録は多いのですが、全十幅がカラーで一覧できる本はありません。ましてや、その細部を見ることのできるものはいままでありませんでした。しかし高精細のカラーをはじめ各種の光学的にみてまいりますと、細部のとても美しい作品です。今回のお話しではそれを一堂にご覧に入れ、細部の精妙で美しい部分もご紹介することを主にしたいと思います。そのあとで、そのような絵画の表現性の面から、この絵が美術史的にどのような意義のある作品であるかについても少しお話しさせていただこうと思います。

これからお見せするようにこの作品は非常に折れなど絵絹の劣化が進んでいます。古い絹や紙、絵具もそうですが、これは温湿度の変化に弱いものです。安定した状態においてやらないと微細な伸びちぢみによってこわれてくる。本来はそのような環境に置くのが理想的なのですが、普通は難しい。それで現在は三つの博物館に分けて保管されています。善無畏と慧文が東京国立博物館、灌頂が大阪市立美術館、残りの七幅が奈良国立博物館に預けられています。二〇〇七年に奈良国立博物館で「美麗　院政期の絵画」という展覧会があり、この時は全十幅が集められましたが、一堂に並べるというのではなく展示替えをしつつ展示されました。実はこの奈良で十幅がそろった機会をとらえて、さきに述べました奈良博との共同研究ということで全幅の各種光学調査を行うことができたわけです。その後、補足調査も行い、昨年とこの3月に2冊に分けて細部の写真を入れた報告書を刊行いたしました（註1）。非売品ですが、姫路市、加西市、加古川市の市立図書館、兵庫県立図書館、播磨学研究所にも寄贈いたしましたので、ご覧いただくことは可能です。

さて、この絵の絵画的なお話しに移りたいと思います。残念ながら、といってもこの時代の絵画作品はまずほとんどそうなのですが、正確な製作年、製作背景、事情といったものはわからないのが普通です。そうなると様式史的に見てゆくしかない。

この絵の様式史的な一番の特徴は彩色本位ということです。のちほど述べますが、十二世紀になってくると、金箔、銀箔、あるいはそれを焼き付けて貼りあわせた箔―合わせ箔といいますが―、それを実に細く切ったもの―これを截金《きりかね》と言います―この截金を駆使した繊細で美しい作品が一気に花開くように造られることになります。それに対してこの絵は截金を使わない。そういう意味で彩色本位の絵であるということです。

これは私は非常に問題意識として持っていることなのですが、截金というのは実は古くからあって、天平彫刻の大傑作である東大寺戒壇院の四天王像には截金がすでに使われています。そしてその後も彫刻には奈良から平安時代を通して使われ、金銀と言う点では書の料紙などにも使われています。工芸ももちろん繊細な金銀を使っています。

しかし、仏画は雄渾あるいはおおらかな筆致で描かれ続け、そのスタイルが繊細な截金となじみにくかったのか、彩色を主とし描かれ続け、截金が使われだすのは、十一世紀も後半、しかも部分的な使用にとどまります。截金にかんしては、八世紀ごろから十一世紀後半まで、彫刻や工芸品、書の料紙装飾と仏画とは三五〇年ほどのタイムラグがあるわけです。このあたりの問題は後で述べたいと思いますが、そのような点から彩色本位のこの絵は十一世紀の半ばから後半の作ではないかと私は見ています。さきほども申しました通り、十一世紀に遡る絵画というのはほんとうに数えるほどしかありません。しかも美しい。十幅そろって今日まで伝えられている点で、まさに国宝にふさわしい貴重な作品です。

❖ 各幅の像主について

さて、十幅そろって紹介される機会というのは今までありませんでしたので、各幅に描かれた人がどのような人であるかというところからご紹介したいと思います。

まずはじめは、聖徳太子です。ご存知のとおり用明天皇の皇子で推古天皇の摂政。僧ではありませんが、旧来の神道を重んじる物部守屋との争いに勝って仏教を信仰することが厚く、その業績によって日本に仏教が定着し興隆したことから日本の仏教の祖として宗派を超えて信仰されます。天台宗で重んじられる法華経も厚く信仰しました。

二幅目は龍樹です。こちらは古く遡って三世紀中頃のインドの人。大乗仏教の基礎を築いた人とされ「龍樹菩薩」の名でもよばれます。本来ならば僧侶が乗ることはなく、ほとけが坐すところの蓮華の上に乗り頭光のあることもこれと関連するでしょう。密教の重要経典である

『大智度論《だいちどろん》』ほか多くの経典を著した人です。

三幅目は善無畏です。善無畏三蔵、浄獅子の名でも呼ばれます。七世紀から八世紀に生きたインドの人ですが、西域を経て唐の玄宗皇帝に国師として迎えられ、長安、洛陽で密教の基本経典である大日経をはじめおおくの経典を漢訳しました。左下の方に塔を捧げ持つ毘沙門天がいます。おだやかな色合いを取り混ぜて、描かれています。

四幅目が慧文。慧文禅師、あるいは慧聞と言う字でも呼ばれます。六世紀中頃、中国・南北朝時代の人です。天台教学の基礎を築いたとされ、龍樹の大智度論に触発されて思想を深め、これを次の慧思に授けたことから、天台宗では龍樹を高祖、慧文を第二祖とすることがあります。

次の五幅目はその弟子の慧思。南岳大師とも称されます。同じく中国・南北朝時代の人。法華《ほっけ》多誦《たじゅ》といった仏教の布教に努めました。聖徳太子伝では太子はこの慧思の生まれ変わりとされていて、日本でも古くから知られ、信仰されていました。この絵だけ、真正面からの構図で描かれています。

六幅目は智顗。智者大師、天台大師、天台智者大師の名でもよばれます。中国の南北朝から隋にかけての人、慧思の弟子です。中国天台宗の開祖とされます。のちの隋の皇帝、煬帝《ようだい》となる晋王楊公といった人々から信を受け、天台宗を宗派として立てました。多くの弟子を育てると同時に、『法華玄義』、『摩訶止観《まかしかん》』など天台宗で特に重んじられた経典を著述しました。

七幅目は灌頂。章安大師、章安尊者、総持尊者の名でも呼ばれます。唐時代初期まで生きた人、智顗の弟子です。その弟子としてよく使え、智顗のあとを受けて天台宗を興隆しました。師の智顗自身は著述をあまり多く残さなかった人なのですが、その思想は灌頂が著述したことによって残されることになりました。開祖の法を直接受け、さらに興隆した人物として天台宗で敬われます。

八幅目が湛然。荊渓《けいけい》大師、妙楽大師の名でも呼ばれます。中国・唐の人で、天台宗第五祖の玄朗について学び、多くの著述を残し、一時衰退しかけた天台宗を興隆したことから天台宗の中興の祖として重んじられます。多くの弟子も育て、そのうち道邃《どうすい》、行満から日本から留学してきた最澄が天台の教えを受けることになります。

九幅目が日本の伝教大師最澄です。ご存知の通り、日本天台宗の開祖です。朝廷の庇護を受けて活躍したのち、延暦二十三年（八〇四）、空海と同じ遣唐使一行のひとりとして唐にわたり、天台山で密教、法華等の学問を学び、翌年帰国して経典等を朝廷に捧げました。桓武天皇の信任を受けるところが大きく、大同元年（八〇六）、日本天台宗を開宗しました。

最後の十幅目が慈覚《じかく》大師円仁です。最澄の弟子ですが、最澄が唐に滞在したのが一年でしたので、いろいろと足りない部分がありました。その不足分を補うため最澄に続く弟子たちが活躍したところが空海の真言宗と異なるところです。円仁や円珍はその代表的人物で、円仁は八三八年から九年の長きに渡って唐の各地をめぐり、最澄が得られなかった重要な密教教学を数多く日本にもたらし、天台宗の発展に大きく寄与しました。帰国後、天台座主の地位に就きます。唐での巡歴を記した『入唐求法巡礼行記』は記録としても旅行記としても著名です。

❖各像の同定

さて、各画像がなぜその人と同定できるのか、聖徳太子などは一見あきらかですが、そのままではすべてはわかりにくい。そう伝えられているということによることも大きいのですが、その他の手がかりがあります。画面の中には色紙形とよばれる区画があり讃文—その人となりを伝える詩といえるでしょうか—、そういうものが書き込まれているものが多くあります。聖徳太子、龍樹、善無畏、慧文、灌頂、湛然、最澄、円仁にはそれが残されていますが、黒くなった絹の上に墨で書かれているため、現在では非常に読みにくくなっています。慧文の讃の一部を赤外線を使って撮影したものです（図2）。赤外線をあててやると、赤外線は特に黒いもの、墨を吸収します。それによって、今は見えにくくなっている墨線を探る時によく使用します。

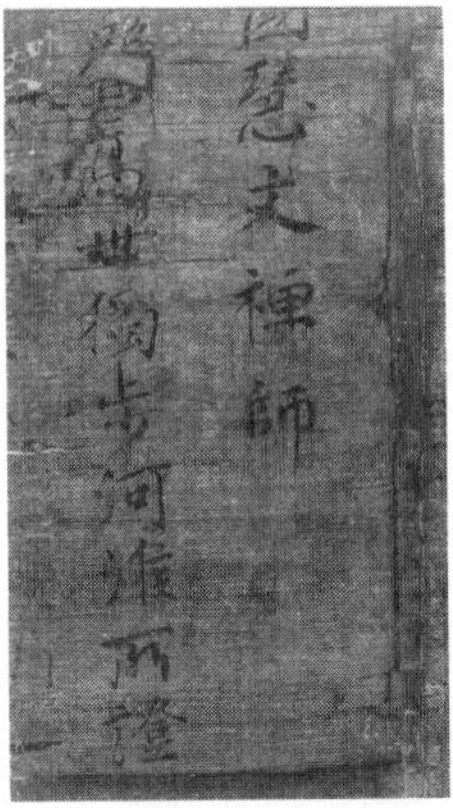

図２　慧文像の色紙型に書かれた讃文

図３　慧文像の短冊型

図４　円仁像の色紙型に書かれた讃文

さらに、慧文像には色紙型とは別にさらに細長い小さな区画―短冊型などと呼びます―があります―慧文のこの部分（図３）には、ややわかりにくいですが、やはり赤外線でみますと「法華寺　第三」という文字が浮かび上がってきます。

さきほど申しましたように、一乗寺は古くには法華寺、法華山寺と呼ばれてきました。この記述があるということは、後世になって途中から宝物がその寺に入る、あるいはお寺の創建より古いものがある、ということがしばしばありますが、これは当初から一乗寺の宝物としてあった可能性が高いことが推測できる非常に貴重な情報です。さきほど一覧をご覧にいれたとおり、また聖徳太子及天台高僧像という名称から、聖徳太子を先頭に持ってまいりますと、慧文は四番目になりますが、ここでは「第三」とあるので、十幅全体の呼び名は本来は「天台高僧及聖徳太子像」とも呼ぶべきものであったかもしれません。

円仁像を見てみます。色紙型がありますが、この部分を赤外線で見て見ますと讃文が見えます（図4）。これは、全文を見ることができません。「円仁」とか「慈覚大師」というような名称がここから直接はわからない。讃文の一部が見えるだけです。これは初めに申し上げるべきことだったかもしれませんが、このような絵は、各寺院でそれまでにつながる祖師の遺徳をしのび、たたえる供養、祖師供という儀式が行われていました。この絵もそれに使われたと考えてほぼよいと思います。祖師像はまた、このような掛幅だけでなく、寺院の建物の壁画—板絵ですね—に描かれることもありました。天台宗では比叡山の常行三昧院というところに浄土図とならんで、「大師等影像」があったという記録があります。

このようなものと並んで、橘在列《たちばなのありつら》という人の記した『橘在列東塔法華堂壁画賛集』という書物に出てくる祖師像の円仁の讃文と、絵の一部に残されたご覧の讃文が一致する部分があり、これが慈覚大師すなわち円仁の像であることがわかるわけです。

❖絵画的表現について

では、各絵にわたってその細部をご紹介してまいります。各図それぞれに画風に微妙な違いはありますが、とても美しいもので、絵具による細部の描きこみがとても見事です。それがこの絵の特色であり、それが美術史的にどのような位置に置いて見られるかということは後ほど申し上げたいと思います。

まず、聖徳太子像です。みずらを結った童子のかたちで、柄香炉《えごうろ》をもっています。聖徳太子像はいろいろな形でえがかれますが、父の用明天皇が病気になった時、柄香炉をもって用明天皇の病気が癒えることを願った時の形で、「孝養像」と呼ばれる形を基本としています。下にかわいらしい十人の童子がさまざまな姿態をみせながらえがかれています。

聖徳太子の面部は、太細の少ない、謹直な線によって描かれ、頬にはほんのりと赤く暈がさされています。目の書き方も単純ではなく、黒い瞳孔のまわりに茶色の虹彩をえがき、目尻と目頭には薄く青をさしています。仏画の表現でよくもちいられる方法です。眉は細い線を重ねて描いています。太子が肩からかけている横被《おうひ》という衣服の文様を拡大してみると、青、白、緑で七宝文《しっぽうもん》と呼ばれる文様が細緻に描かれています。余白にもたっぷりとした絵具で華文が丁寧に描きこまれています。太子は礼盤《らいばん》とよばれる四角い台座に坐っていますが、その格狭間《こうざま》と呼ばれる部分（図5）を蛍光画像によって見ますと、青で蝶を緑で草を描きこんでいます。一見見えないようなところにも微細な装飾的描写をしているのが特徴で、非常に繊細巧緻です。他の図もそのような細部に非常にこだわった部分が見られます。

図５　聖徳太子像より、礼盤の格狭間部分（蛍光画像）

龍樹は、暖色系の色を繊細に組み合わせて描きこんでゆく特にきれいな図のひとつです。

袖の部分は、肩から袖口にかけて衣の各部分に非常に美しい文様が描きこまれています。赤い衣の端は白を入れて、白く光るような表現が見られます。これを照り暈《ぐま》といいます。この効果もあって非常に甘美な表現になっています。

膝の部分は、赤で文様を描きこんでいますが、地の部分は一様ではなく白っぽいところから赤、橙をまじえて、微妙な色彩の変化が見られます。この微妙な色の変化が平安仏画の特色のひとつといっていいでしょう。また周辺部にわたってまで、こまかな描きこみをするこの絵の性質がわかります。

善無畏像は、祈るような姿です。真横向きの肖像というのは珍しいものです。雰囲気は今見てきた二者とはややことなり、顔の輪郭をはじめややおおらかさを感じさせます。顔の部分は、鼻の輪郭線に打ち込みがあったり、顔のしわの線には太細があって、ややおおらかな気風がみられます。しかしながら、一方で、髭や眉、まつ毛などは細かく描きこんでいます。画面の左にいる毘沙門天は、ややユーモラスな表現ですが、色は実に多彩で豊穣です。中間色的な印象が強く、これも仏画としてはやや古い特徴のひとつといえるでしょう。

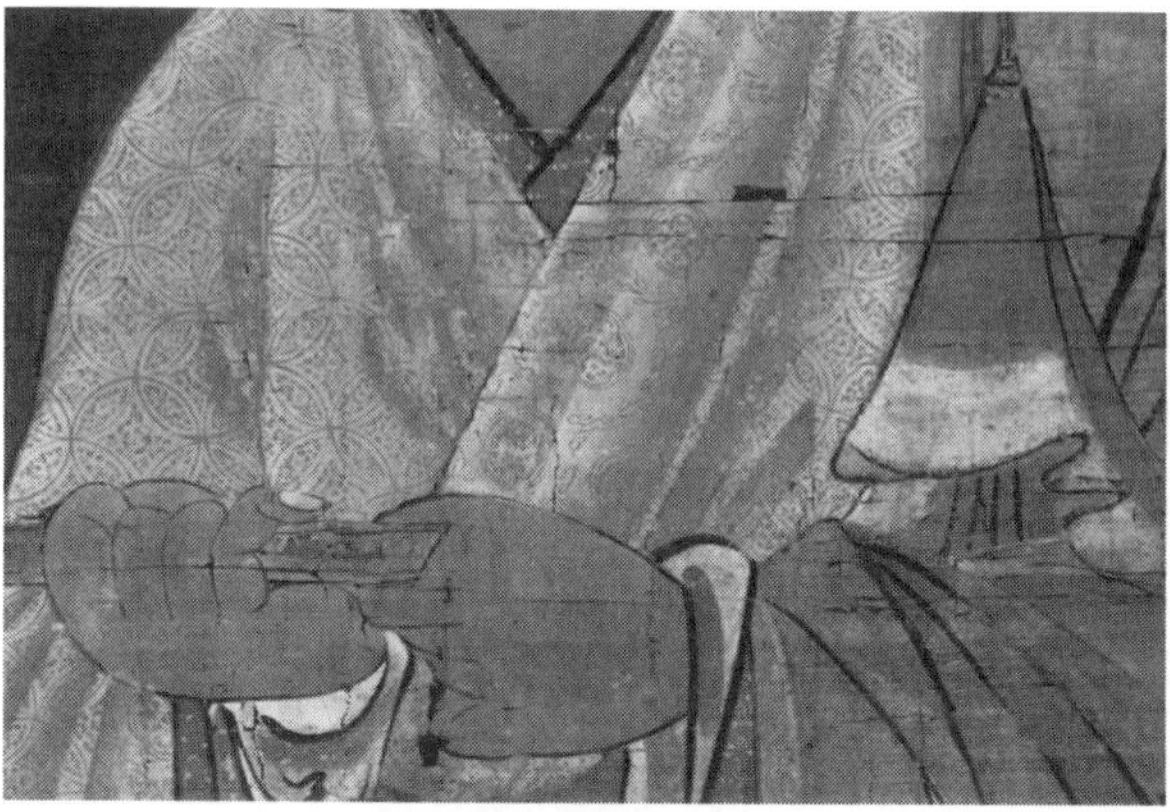
図6　慧文像の上半身部分

慧文像は柄香炉を持って立つ姿です。この図はなんといっても上半身の衣の美しさが目にたつ作品です(図6)。顔の表現には線に打ち込みが見られます。顔のかたちもややいびつといってはなんですが、おおらかな表現になっています。この点は後で述べたいと思いますが、絵画史的に古い要素を残しているのではないかと私は思っています。

胸前の衣は、なんといっても甘美な美しさをもっています。白、赤、橙が複雑に交錯する上に、赤い絵具で文様が細緻に描きこまれ、その赤の文様は地の部分からときに引き立ち、またときに地の色に溶け込んで、微妙な色彩的変化を見せます。文様の赤は一色で均等に描いているのですが、このように地の変化にともなって微妙に変化して見えるわけです。決して平面的な印象を与えない。後に述べますように、このような表現は重要です。

慧思像の色彩は他の像と比べるとやや変わっていて、暖色形の明るい色を引き立てるということがあまりありません。筆線にも力があります。しかし、描き方が荒いということではなく、眼や眉、髭の描写は丁寧です。また、絵具の使い方にやや特色があって、立体的とは申しませんが、文様の一部は非常にたっぷりとした絵具でえがかれています。他と比べると一見地味な色合いですが、細部をおろそかにしていないことがわかります。

六番目の天台大師智顗です。残念ながらこの作品の上部は大きく損傷していて絹自体を変え、したがってその上の絵も後世の補筆です。色紙型も後世の補彩で字もえがかれていませんが、この図様から智顗とされています。実はこれが正確に智顗であるかどうかは問題がないわけではないのですが、後ほどその点については触れたいと思います。顔の部分は、残念ながらいつのころか大きく傷むことがあったのでしょう、絹を新しく当て、描き直しています。不審に思われるのはこの顔がはじめ正面向きであったらしいことで、それが透けてみえています。特に絵の上半分は絹も変えられ、描き直された部分が多いといえるでしょう。

ただ、全部が改変されたものではありません。画面の中よりやや下、袈裟の田相部《でんそうぶ》には実に細い赤い線で立湧《たてわく》とよばれる文様がえがかれています。これは当初のものと見てよいと思われます。画面一番下の沓も当初のものと見てよいでしょう。非常に丁寧に細かく文様が描かれています。

灌頂像は、暖色系の衣に文様が描きこまれた美麗な一幅です。損傷は大きくはありません。ややくすんだ、しかしきれいな赤い衣の上に文様をえがき、周辺部はさきほどお話ししました白い照《て》り暈《ぐま》――ハイライト――があって甘美な表現を残しています。例えば裾を拡大しますと、緑地に非常に緻密に唐草文様が描かれています。

八番目湛然像です。顔はややユーモラスなある種の誇張が見られます。聖徳太子や龍樹の仏画のようなものとは違います。ただ、こういう形式というのは、ある種の僧侶の肖像画ではよくみられるものです。雑に描いているということでは決してありません。赤外線で見ると眉は細い線を丁寧に描きかさねていますし、髭や頭髪も小さな点を一面に細かく描きこんでいます。これもやはり上部の方がやや傷んだ形跡が見られます。画面の下方に残る文様は、一見した以上にやはり細部に周到な描きこみがされています。

九番目最澄像です。これも残念ながら、上部の方は傷みが激しい。顔の部分はほとんど後世の補筆です。画面左上の色紙型の部分です。画面の右、現在は濃い緑色で塗り込められている部分を赤外線でみますと、「智者」「眉陳隋」という文字がかろうじて浮かび上がってきます。「智者」とは初めにご紹介した通り智者大師すなわち智顗のことです。賛の一部は、さきほど触れましたが、橘在列の作った智者大師すなわち智顗の賛文の一部と一致します。これは今回の調査で初めてわかったことです。ある時期、こちらの方が天台智者大師すなわち智顗の像として見られていたことがあったものと思われます。それを緑色でぬりこめていますので、修理は何回もされていたことがわかります。そうすると現在智顗に比定されているこちらの方がその時は最澄像であったかもしれません。両者はよく似た図像です。この絵も傷みがはげしく、後の手が多くはいっているわけですが、ただし、全部だめということではなくて、画面の下の方にはきれいな、もとの文様描写がたくさん残っています。赤い敷物を敷き、床坐にすわっているわけですが、どの部位にもとても美しい文様描写が多彩に見えます。ただ文様を描いたということだけではなくて、細部まで多彩な絵具を使ってかなり複雑に描きこんでいます。

最後が慈覚大師円仁像です。これは一番傷みがはげしいかもしれませんが、画面の下の方にはオリジナルが残っています。顔は、残念ながらこれも見えているところは描き直しがほとんどです。中間色的な――「具がちな」、などと申しますが――古い平安仏画によくみられる色味でえがかれており、雰囲気もこれまでみてきたものと通じるものがあるように思われます。

後世の補絹や補彩は幅によって多くありますが、平安までさかのぼる仏画で、そういうものがまったくない例というのはまずなくて、しかも十一世紀までさかのぼる作品の美しさがよくぞここまで残ってくれた、と思わなくてはなりません。傷み方はかなり激しいものです。新しく描き直して古いものは捨て去ってしまうこともできたと思われますが、しかしそのようなことをせず、補修しながら、古いものをなんとかして残そうとしたことが、重視されてよいのであって、補絹、補彩が多いということをあげつらうことは私はしたくない、と思います。

❖美術史上の意義について

さて、全十幅ともバリエーションに富みながら、細部にこだわった表現が見られます。ただし、さきに申し上げた通り、平安時代以来古くから仏画がこのような精妙な表現をしてきたわけではありません。例えば金銀箔、これは、さきほども少しご紹介をしましたが、天平時代からあって、平安時代を通して彫刻にはふんだんにそれをつかって表面を美しくしてゆくことをしています。仏画の場合、これは歴史的に絵仏師とよばれる職掌の人がつくっていたのですが、金銀箔を駆使して絵を微細な部分で美しくつくりあげてゆくのは、さきほど述べましたとおり、十二世紀になってからです。

これら十幅の絵画史的意義をその前後の歴史と作品の中で考えて参りたいと思います。

例えば九世紀の西大寺の十二天画像などは、一七〇センチ近くの大きな画面にほぼいっぱいに、描かれた大きな絵です。鷹揚ともいえるおおらかな筆致で描き、こまかな文様を描きこんでゆくことはなくて、グラデーションはつけていますが、絵具も細部を塗り分けてゆくのではなく、広い面をおおっています。ただしこの画面ほぼいっぱいに描かれるある種の大きさというのは、天台高僧像の残している古い要素ではないかと私は考えています。

平安時代も十一世紀のすくなくとも前半あたりでは、絵仏師の描く絵というのは、緻密に描いてゆくものではなくて、いわば、おおらかに充実した絵であったろうと想像されます。公卿であった藤原実資《さねすけ》という人の書いた日記である『小右記《しょうゆうき》』及び『今昔《こんじゃく》物語集』の記事を見ますと、一〇二一年に藤原道長が自ら建立した法成寺で法要を行った時の記録があり、その時になんと百余体の絵仏つまり仏画を供養したといいます。しかもこれがとても大きい。中尊の大日如来は二丈三尺、坐像の場合には—おそらくそうであったと思いますが—、その半分くらいになりますがそれにしても三・五メーター近くの絵であったことになります。そのほかに釈迦如来像はじめ丈六の仏が百余体。丈六も大きさのことで、一丈六尺つまり十六尺、坐像と考えても、二メートル半近い絵ということになります。非常に壮大なものです。そうみますと、これらがこまかな文様描写に埋め尽くされた絵とはとても考えられないわけで、この時代、絵仏師の担っていた仏画というのは、のびやかにおおらかに充実した絵であったと思われます。

では、そのころ、あるいはそれ以前、絵というものはみなこういうものだったかというと決してそうではありませんで、絵仏師とは職掌のちがう、宮廷絵所の絵師というものがいました。

平安時代もまだ十世紀、一方で、のびのびとした仏画が描かれていた時代に、絵所では非常に微細、繊細な絵を描いていました。『栄華物語』の記事がその一例です。九六六年、清涼殿の月の宴というものが催された時の記事では、絵所画師が繊細な大井川の鵜飼の絵を描き、眞《ま》垣《がき》には銀を用いて描いていたといいます。絵所画師は微細で繊細な絵をしかも金銀を使って描いていた。大いなる雄渾で充実した仏画と繊細な絵所の絵というのは領分をわかって両立していたと考えられるわけです。これが藤原摂関期とよばれる十一世紀前半までのありようでした。

これが、十一世紀後半からの院政期と呼ばれる時代になると細緻、繊細な側面が出てきます。応徳三年（一〇八六）に描かれたことがわかる高野山金剛峰寺にある仏涅槃図という作品があります。まだ十一世紀ですね。その銘がある作品です。非常に大きな絵で、前の時代の余韻を残しているともいえますが、釈迦の衣には、金箔を実に細く切って――截金といいますが――を貼って作った細かな文様描写が出てきます。細緻さの芽生えといいましょうか。

ほぼ時を同じくして、十一世紀の終わりから十二世紀の初めにかけて、文献にはさまざまなものへの「美麗」という言葉がみられるようになります。美麗すなわち美しく麗しいものへの趣向が強くなってきた、「美麗」はそういう時代の指向性のキーワードととれるわけです。

それとともに、やや時代があとになってからの記事ですが、絵所絵師と絵仏師が共同作業をした、という事例も出て参ります。時流は院政期に美麗に傾いて行ったといっていいでしょう。

図７　慧文像の衣の部分

天台高僧像にもどります。画面ほぼいっぱいに描かれた絵はある大きさを感じさせます。画面自体、一三〇センチあまりと比較的大きな絵です。まだ截金はつかわれていません。彩色主体、絵具だけで描かれた絵です。ある大らかさがあります。一方で、たとえば慧文の衣の部分は非常に「麗わしく」美しい（図７）。白、赤、橙が複雑なグラデーションを作り、その上に文様が、これは絵具によるものですが、描きこまれています。絵画史上の美麗のはじまり、と私は思います。私は、この文様の美しさに注意をしたいと思います。白い下地の上では赤の文様が鮮やかにうかびあがり、下地のグラデーションが赤に変化するにともなって変化して見え、濃い赤の部分ではほとんど溶け込んでゆきます。これをたとえば青などで描いていたとすると文様が浮き上がってしまうはずで、赤を基調とした下地にあえて赤で文様をえがいている。この点は重要だと思います。そして、このやりかたというのは、実は、截金が花開く十二世紀の仏画の表現と無関係ではない、と思っています。例えば美麗が花開いた十二世紀の東京国立博物館の国宝の孔雀明王像があります（図8）。明王の足元の衣の部分は、一面に截金で文様があらわされています。色彩との相乗効果で全体がぼおっと光を放つようです。金・銀というのは非常に物質感、存在感が強くて、箔を切っただけですから、色の変化というのはつけられない。均質な物質です。本来は変化をつけやすい絵具と相性は悪いはずなのです。それで、十二世紀の截金を使った仏画は平面的などといわれることがあるのですが、私にはどうしてもそう簡単に片づける気にならない。あるふわりとした感じというのが実によくでている。本来均質なはずなのに金截金が下地との関係で変化して見えるのです。見事というほかないでしょう。

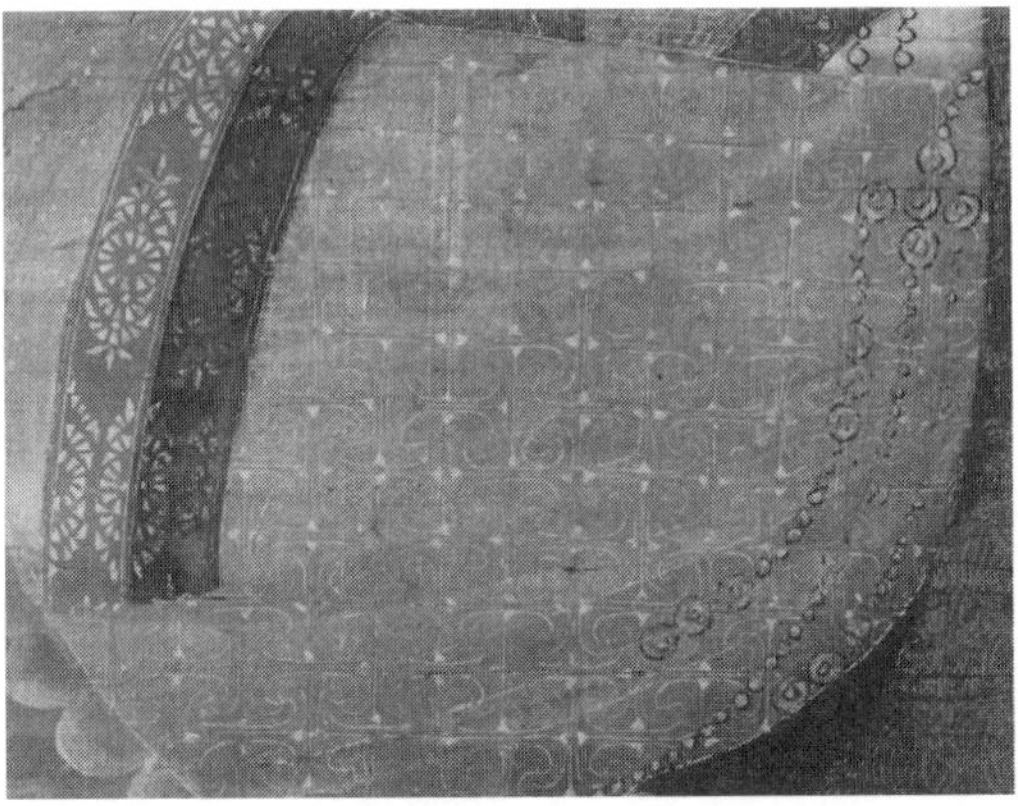
図８　孔雀明王像（国宝）の衣の部分

十二世紀の仏画で截金というそれまで使われることのなかったむつかしい素材が絵具と融合できたのは、そして美麗が花開くことができるにあたっては、その前段階として、この天台高僧像にみられる文様描写の効果、方法があってこそできたのではないでしょうか。

天台高僧像は次の時代、十二世紀に截金を駆使した美麗なる仏画のはじまりを告げてくれる数少ない、しかも十幅という大部として残された作品としてかけがえのないものであると言えるのではないか、と私は考えます。

註

（1）・独立行政法人文化財機構　東京文化財研究所・奈良国立博物館共編　『法華山一乗寺蔵　国宝聖徳太子及天台高僧像　光学調査報告書―カラー画像編』平成二十八年（二〇一六）三月

・同『法華山一乗寺蔵　国宝　聖徳太子及天台高僧像　光学調査報告書』平成二十九年（二〇一七）三月（カラー画像を含む各種光学調査の内容を含む）

鶴林寺の建築——本堂と太子堂

黒田龍二

今日は鶴林寺の伽藍と二棟の国宝建造物、太子堂と本堂を中心にお話しします。きらびやかな彩色や見ごたえのある彫刻があるわけではありませんが、鶴林寺の建物がもっている奥深い意義を知って頂きたいので伽藍構成から始めます。また、近年の太子堂壁画の制作年代に関する議論についても、私の考え方をお話しします。

❖鶴林寺伽藍の特質―中心的な構成要素

伽藍は、寺全体の堂塔構成のことなどをいいます。主要な建物には次のようなものがありますが、ほかにも仏堂と塔頭があります。(図1　鶴林寺配置図)

仁王門：十四世紀(江戸後期に大改修)
本堂：応永四年(一三九七宮殿棟札)建設、寛政九年(一七九七化粧隅木・母屋桁墨書)屋根改修
太子堂(法華堂)：天永三年(一一一二屋根板墨書)建設、宝治三年(一二四九同上)改修、正中三年(一三二六同上)改修
常行堂：平安時代後期建設

三重塔：室町時代建設　江戸時代に改修
鐘楼：応永十四年（一四〇七）／護摩堂：永禄六年（一五六三）／行者堂：応永十三年（一四〇六）

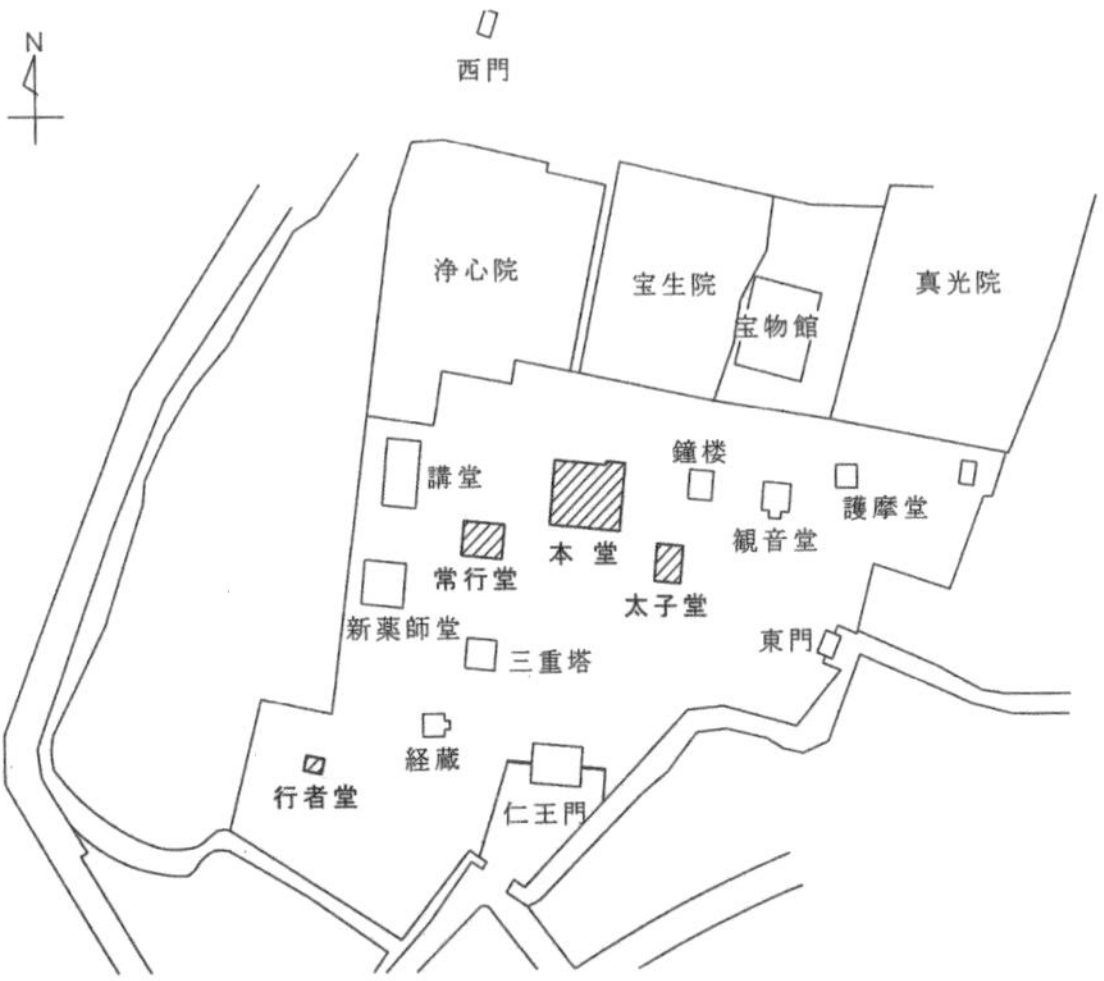

図１　鶴林寺配置図（文化財建造物保存技術協会『鶴林寺本堂ほか三棟保存修理工事報告書』鶴林寺、2009年）

伽藍には古代寺院でも中世寺院でもそうですが、まず門が必要です。鶴林寺も仁王門が入口にあります。本堂と同じ頃、十四世紀に建設されたと推定されますが、その後何度も修理していて当初材ももとの位置から動いています。そして、文化九年（一八一二）に大きい修理がありました。この少し前、天明四年（一七八四）から寛政九年（一七九七）にかけて本堂で大修理がありました。そこで新しい材に取り替えて不要になった材を捨てずに仁王門で再用したのです。飛檐垂木と軒先の切裏甲という部材で、今の本堂が建てられた時のものと推定されます。このように仁王門は繰り返された修理と相俟って、年代の異なる部材、他の建物の部材が混ざり、一貫した設計施工の建物ではありません。大変複雑な面白い建物になっています。昔の大工はよく材料を捨てずに残してくれたと思います。

仁王門を入って正面を見ると、大きな本堂があります。宮殿（厨子）は応永四年（一三九七）の棟札があってその時のものですから、本堂もその頃完成したと推定されます。宮殿の棟札には「大講堂宮殿」と書かれています。鶴林寺では古くは本堂を大講堂と呼んでいたのです。これが重要な第一点です。日本仏教の宗派は天台宗、真言宗、浄土宗、浄土真宗、禅宗といろいろありますが、中心仏堂は一般的に本堂といい、奈良の古代寺院では金堂といいます。しかし、天台宗では講堂と呼ぶ場合があります。大講堂と呼ばれる建物が本山延暦寺にありますし、近くでは姫路の圓教寺にもあります。

本堂の正面両側に太子堂と常行堂があります。この太子堂は、本来は法華堂であるということが、重要な第二点です。法華堂と常行堂は天台宗寺院の特徴的な建物で、一対のものとして建てるのが本式といえます。このように鶴林寺は天台宗伽藍の特質をよく表しています（参考文献1）。太子堂と呼ばれるのは鎌倉時代より後で、内部の壁に描かれた聖徳太子像が信仰を集めたのが原因です。法華堂と常行堂は、それぞれ法華三昧と常行三昧という修行を行うための堂です。天台宗では常行三昧と法華三昧を含む四つの厳しい修行を四種《ししゅ》三昧《ざんまい》といい、重要な修行としています。常行三昧は九十日間不眠不休で念仏を唱えながら本尊阿弥陀如来のまわりを回り続ける行です。不眠は水を飲まないことと並んで厳しいと言われます。九十日間の不眠は無理ですから、時々は須弥壇のまわりに渡した竿にもたれて休むらしいです。法華三昧は二十一日間本尊のまわりを回ったり座禅をしたりします。これらは現在も比叡山延暦寺で時々行なわれます。厳しい修行で有名な千日回峰行でも、千日回峰のあと、不動堂で九日間の不眠、断食を行います。この行の終わり頃には感覚が研ぎ澄まされて、髪の毛が落ちる音さえ割れるように耳に響くといいます。この行も死にいたる覚悟がないと成就できません。そういう厳しい行の場ですから、比叡山の法華堂、常行堂は人が集まることの多い本堂から少し離れて建っています。しかし、鶴林寺では本堂の前に法華堂と常行堂を建てています。常行堂の聖徳太子の壁画が信仰を集めて太子堂と呼ばれたことから分かるように、鶴林寺は巡礼などの参拝客でにぎわっていました。そんな環境では法華三昧や常行三昧はとてもできませんから、太子堂と常行堂は修行のためのものではないと理解されます。お参りするためのものであろうと思います。

❖延暦寺との比較──類似点と相違点

ヨーロッパや中国の宮殿、宗教建築の配置は左右対称のものが多いです。鶴林寺の太子堂と常行堂も南面する本堂前方の左右対称の位置にあります。これは一見左右対称にみえますが、実はそうではありません。本堂と太子堂は南が正面ですが、常行堂は東が正面です。本堂、太子堂と揃っていないのです。常行堂が東向きなのは、阿弥陀如来が本尊だからです。阿弥陀如来はこの世から見て西方の極楽浄土の教主ですから、東を向いてこちらを見ておられます。阿弥陀如来を本尊とする堂は東向きが多いです。一方、太子堂すなわち、法華堂の主尊は釈迦三尊ですから、常識的な南正面となっています。

天台宗本山延暦寺の伽藍配置を見ましょう。延暦寺は東塔、西塔、横川《よかわ》という三つの区域から成っています。その中心は、根本中堂のある東塔という区域です。根本中堂の東には文殊楼があって、延暦寺の総門ともいわれますが、本来は四種三昧のひとつ常座三昧のための堂でした。根本中堂の南西には大講堂があります。延暦寺の中心である東塔には根本中堂と大講堂がある、これが鶴林寺の伽藍とは根本的に異なる重要な点です。根本中堂は、伝教大師ゆかりの薬師如来を祀るお堂で、日本天台宗では極めて重視されています。内陣には薬師堂、文殊堂、経蔵の三つがあります。大講堂は、延暦寺の最も大きな法会である法華大会《ほっけだいえ》を行う堂です。つまり東塔は、延暦寺の根本的な信仰である薬師如来を祀る根本中堂と、宗教儀式の場の頂点を成す大講堂、この二つの堂から成っているのです。中世の絵図を見ると、大講堂の北、根本中堂の裏側にあたる西方に法華堂と常行堂があったことがわかります。現在はもうありませんが、これが東塔における法華堂と常行堂の位置であり、鶴林寺とは異なることがわかります。また、西塔は転法輪堂（釈迦堂）を中心とする区域で、ここには現在も桃山時代の常行堂・法華堂がありあます。釈迦堂から少し離れた小高い山の上に、同形同大のお堂が二つ並んで廊下でつながっていて、その様子からにない堂と呼ばれます。この堂では現在も先に述べた常行三昧が行われます。そのときは周囲に結界を張り、参拝客などが不用意に近づかないようにすると聞いています。その位置からして、鶴林寺常行堂とは違います。

鶴林寺周辺の天台宗寺院も見ておきましょう。性空上人が開いた圓教寺（姫路市）は別格本山で、延暦寺に倣った構成を持ち、性空上人の念持仏・如意輪観音を祀った摩尼殿と大講堂の二つの重要な堂からなっています。大講堂の南正面に少し距離をおいて東向きの常行堂があり、その北面には楽屋と呼ばれる東西に細長い建物が一体化して建てられています。これらの西側に、南北に長大でかつ二階建ての巨大な食堂があって三つの堂で中庭を作っています。ここでもやはり常行堂は、修行のためのものではないと思います。

法華山一乗寺（加西市）は山の斜面に展開しています。下から小高い山をあがっていくと、途中に大きな常行堂があって、その上に三重塔があって、さらに上に大きな本堂があります。山は低いですが山岳寺院の趣きがあり、急な斜面に伽藍を作っていて左右対称などの理念的な配置をとれません。

太山寺（神戸市北区）も低い山の斜面地に伽藍が展開していますが、一乗寺ほどの制約はありません。鎌倉時代の本堂があって、その正面の西側に東を向く阿弥陀如来を安置した常行堂と、東側の対応する位置に三重塔があります。

如意寺（神戸市西区）は現在、本堂はなく礎石だけが残っていますが、その正面の西側に阿弥陀堂（常行堂）、対称の位置に少しずれて三重塔があります。

以上の三カ寺をみると、法華堂の代わりに三重塔を置くという一つの考え方があるようです。鶴林寺も三重塔がありますが、やや異なった離れた位置にあります。

本堂の正面に太子堂と常行堂が並ぶ鶴林寺の伽藍配置は、一見普通のようにみえますが、このように本山および近隣の天台宗寺院をみますと、極めて特色のあるものです。本山と異なるばかりか、周辺の天台宗寺院にも同じものはありません。むしろ、三つの寺院には常行堂と三重塔を組み合わせるという共通性が見られるので、鶴林寺の特性が際立っています。また、これらの比較から中世の顕密仏教寺院の伽藍は、どれも個性的なものであることがわかります。

従来、中世寺院の堂塔配置は敷地に制約のある山岳に営まれたゆえに定型がないといわれます。しかし、上記どの寺でも幾何学的な対称の配置は見えませんが、伽藍配置の基本的な考え方は存在します（参考文献1）。

❖太子堂の改造と壁画の年代

太子堂は、建物の四面とも建具の構成が違う味わい深いお堂です。本体すなわち内陣には宝形造という四角錐の屋根がかかっています。その正面側に屋根を流すかたちで礼堂《らいどう》（外陣）が付加されました。この形を見て頂くと、前方の一間が別の作りで、あとから付けられたことが理解できると思います（図2）。内陣には有名な壁画があります。それはおよそ四十年前に御住職が撮影された赤外線写真によって存在が明らかとなり、平安時代の作として話題になった来迎図、涅槃図などの絵画です。

現在の太子堂は天永三年（一一一二）に建てられました。最初に方三間の内陣が建てられ、ほどなく前方に一間通りの礼堂が増築されました。当時は全体に厚板葺きだったようですが、江戸時代後期には、内陣は檜皮葺、礼堂は瓦葺になっていました。江戸時代の絵図をみると、内陣西側面の南の柱間に石段があり、その上に瓦葺の屋根が葺き下ろされています。そこから

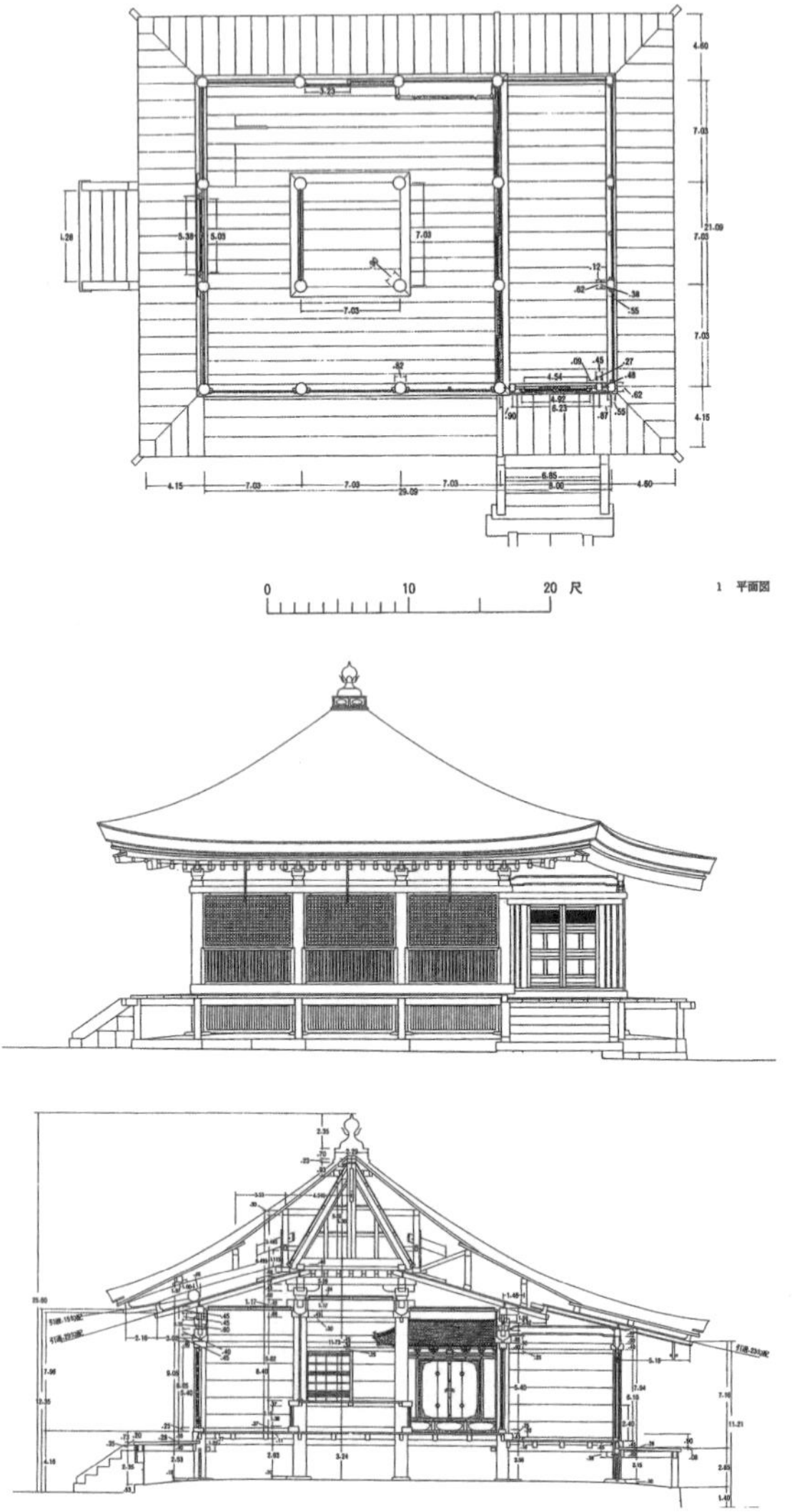

図2　太子堂平面図（上）立面図（中）断面図（下）［『日本建築史基礎資料集成　五仏堂Ⅱ』（中央公論美術出版、2006］より転載

堂内をみると対面する東側面の南の壁に聖徳太子の壁画と厨子があるので、ここから聖徳太子を拝んだのではないでしょうか。太子堂という名前のもとになった絵です。また、堂の北側に

図３　太子堂内陣

は籠堂《こもりどう》がありました。

　内陣は、方三間で中央に須弥壇があり、その四隅に四天柱が立ちます（図３）。須弥壇には釈迦三尊像が安置され、その後方の柱間には来迎壁があります。来迎壁の正面側には九品来迎図（阿弥陀来迎図つまり阿弥陀如来が死者を迎えに来る図）、背面側に涅槃図（釈迦涅槃図すなわち釈迦如来が亡くなられた場面の図）が描かれています。四天柱には不動明王や倶利伽羅龍剣などの絵が描かれています。内陣の四周の天井近くの小壁《こかべ》には、千体仏という非常に小さな仏様がたくさん描かれています。これらの絵は長年の灯明やお香の煙で煤けていますが、描かれた当時はきらびやかで豪華なお堂でした。

　太子堂の大きい問題は、建物の改造の経過と、来迎壁および四天柱に描かれた壁画の関係です。

鎌倉時代に建物が大きく改造されたことは明らかなのですが、その解釈によって壁画が改造前に描かれたのか、改造後に描かれたのかが分かれます。つまり壁画の制作年代が鎌倉時代なのか、平安時代なのかが分かれるのです。

太子堂の歴史については、天井裏に残っている古い屋根板の墨書に聖徳太子の創建以来五度の修理があったと書いています。始めの方の年次は記載がなく、天永三年（一一一二）が三度目、宝治三年（一二四九）が四度目、正中三年（一三二六）が五度目としています。この墨書は五度目の修理で書かれたものであり、現状はおよそ正中三年にできた形ということになります。

従来、壁画は平安時代の作とされていましたが、十年ほど前に山岸常人氏が建築史の見地から詳細に調査されて、太子堂は宝治三年の修理によって、それまでなかった来迎壁を設置して壁画を制作した、と結論されました（参考文献2）。しかし、その後も林温氏、有賀祥隆氏が壁画を平安時代のものとして評価する論文を書かれていてこの問題は平行線となっています（参考文献3、4）。私は実は山岸氏の調査に同行してその場で議論しましたが、今回の講演を機に再度調査させて頂き、考え直してみました。

山岸氏の論は次のような流れです。四天柱の上部には長押という部材が回り、その上に天井が取付けられています。この天井長押の下方には四本の柱全てに側柱（外部に面する柱）と繋ぐ虹梁が取付いていた跡があります（図３参照）。その跡は埋木されていて、埋木の上部は長押の下に隠れています。長押と埋木は一部が重なっているのです。長押には柱の埋木に対応する痕跡は何もないので、長押は虹梁を取り外した後で付けたと考えられます。そこまでは痕跡が物語る通りです。問題はここからです。山岸氏によれば、虹梁があったときには長押はなく、小組格天井、千体仏小壁、そして来迎壁も無かったとしました。これらは長押でうまく納まっているからです。特に来迎壁は上端を長押で挟んで納めていて、長押がないと来迎壁の上端と頭貫の間に隙間ができて「納まりが悪い」ので、来迎壁もなかったとされました。来迎壁がないということは壁画がないことを意味します。

この論は現状の痕跡などを明快に説明する仮説といえます。すると来迎壁は鎌倉時代に設けたのですから、壁画が平安時代のものであれば、どこかにあった古い壁画をはめたという以外に解決はありません。しかしながら、来迎壁の納まりは極めて整っているので太子堂が建てられて以後の移設は考えにくいのです。移設であれば必ずどこかに納まりの悪いところができますが、逆に納まりはよいことがこの問題の核心でもあります。あとで詳しく述べますが、須弥壇、来迎壁、天井長押はすべてきれいに納まっていますが、天井長押の取り付け方だけが極めてずさんです。釘を打ちなおしているし、長押を止める釘は柱真ではなく、柱の端のほうで止めています。それにもかかわらず来迎壁との関係はきれいな納まりになっています。この理由

図４　春日大社本殿の虹梁と長押
（正遷宮前に特別に撮影　撮影：桑原英文）

はなんでしょうか。

私の推定は次のようなものです。虹梁があった時には現在の天井がなく、千体仏の小壁もなかったということまでは山岸氏と同じです。しかし、長押が無かったという点は現段階では論証できないと考えます。つまり、改修前にも同じ位置に同じような長押があり、改修後に取り換えたに過ぎないといえるのです。そうすると来迎壁も改造以前からあったことになります。これを次に詳しく述べます。

まず長押と虹梁の併用は珍しくありません。似た規模で同時期に建てられた中尊寺金色堂［天治元年（一一二四）］、白水阿弥陀堂［永暦元年（一一六〇）］の内陣にあり、むしろ当時の一般的な構造です。平安時代はまだ貫がないので、長押で柱の途中を固定するのは構造的に重要であり、むしろ必要です。問題は現在の長押は柱に残る虹梁の取付き痕と重なっているので、それが同時にあったようには見えないことです。つまりこれが山岸氏の説の中心なのではないでしょうか。

そこで逆に、長押と虹梁が同時にあったとすると、両者は噛み合っていたことになります。先の二例では長押と虹梁は離れていますが、三仏寺奥院投入堂（平安時代後期）の庇、豊楽寺薬師堂［仁平元年（一一五一頃）］の外陣に長押と虹梁が噛み合った事例があります。この納まりは特異なものではないのです。以上の二例では長押が下、虹梁が上ですが、太子堂と同じように長押が上の例は奈良の春日大社本殿正面にあります（図4）。現在の春日大社本殿は［文久三年（一八六三）］の建設ですが、その形式は細部にいたるまで少なくとも鎌倉時代の形式を伝えていることが知られています。また奈良県の円成寺春日堂・白山堂は現存最古の春日造社殿で安貞頃（一二二七～二九）の建物ですが、長押が下、繋虹梁が上で少し噛み合っています。これらは神社本殿の正面の大変目立つ位置でのことですから、太子堂でそれが生じてもなんら不都合はないでしょう。む

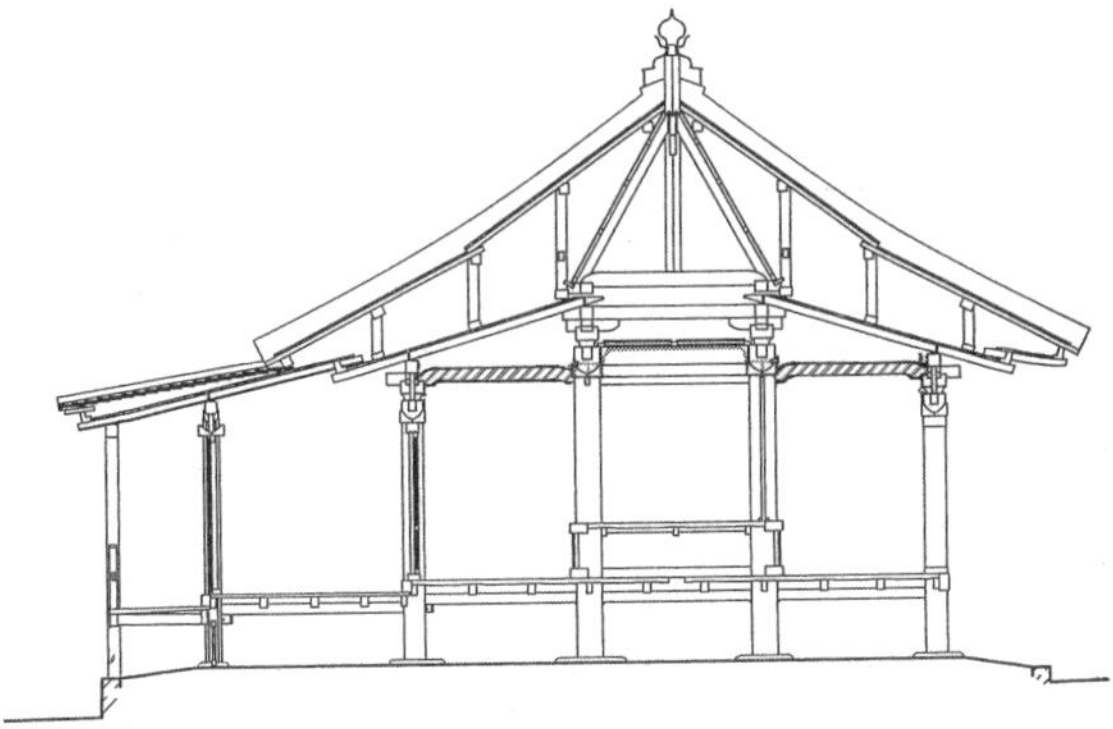

図５　太子堂復元断面（太子堂推定復元断面図〔文化財建造物保存技術協会『国宝鶴林寺本堂ほか三棟修理工事報告書』鶴林寺、2009 年〕をもとに作成）

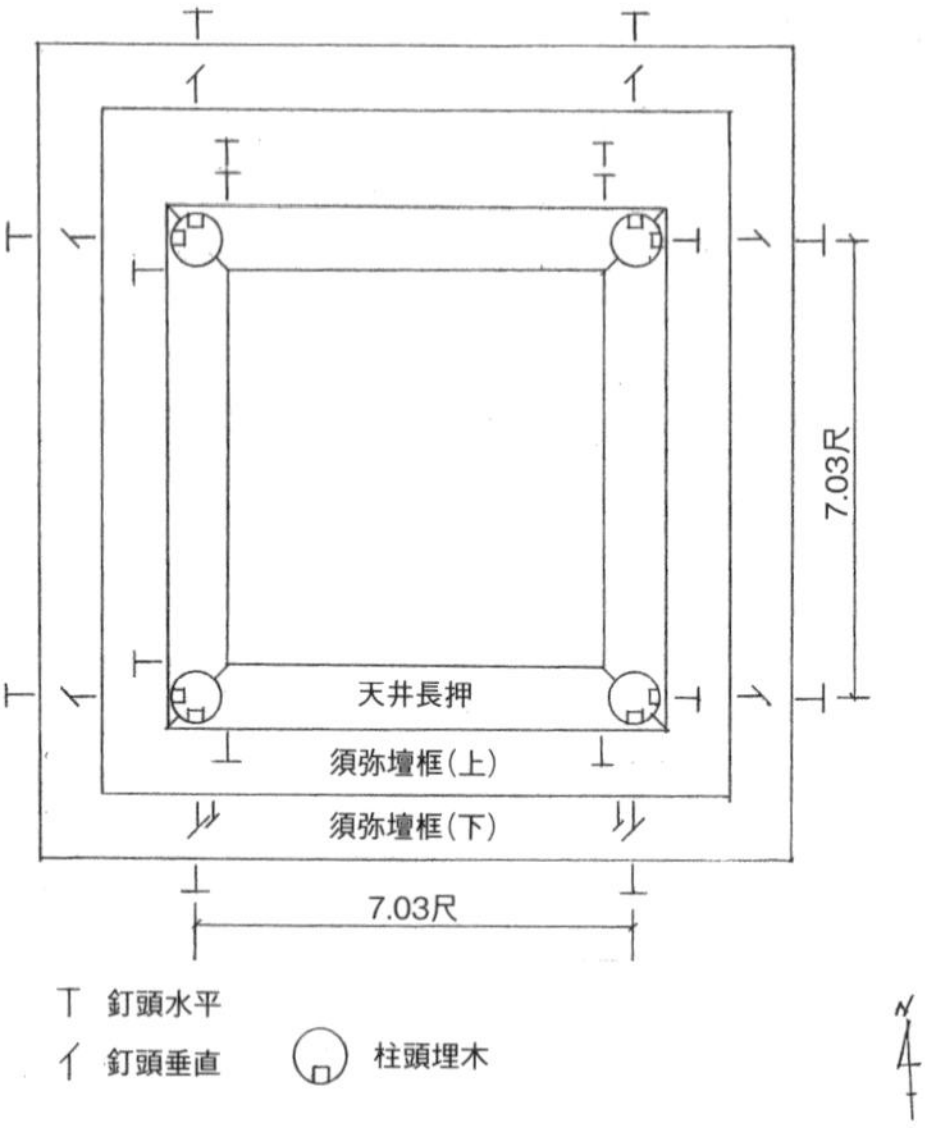

図６　太子堂須弥壇
四天柱の虹梁の痕跡・釘の打ち方

しろ、長押と虹梁が離れているよりも構造的には強いかも知れません（図5）。長押と虹梁が嚙み合っていたならば虹梁を取り去ったあとには長押に仕口つまり傷が残ります。傷の位置は床から二・三メートルほどの高さで、長押一丁（須弥壇の一辺）につき二か所、計八か所です。これは相当見苦しいですから、長押を取り替えざるを得ないはずです。現在の長押は取り替えられたゆえに無傷だということになります。

以上の可能性を念頭において観察すると次のような補足事項を挙げることができます。まず、現状の天井長押の取付け状態です（図6）。天井長押を四天柱に打付ける釘は、すべて二回程度打ち直していて、しかもほとんどが柱真をずらして打っています。通常、長押をとめる釘は柱真に打付けますが、なぜそうしないのでしょうか。この点にも現在の長押以前に同じ位置に長押が打たれていた可能性がうかがえます。長押は長くて太い釘で打ちつけます。当然最初は柱真に打ちますが、二回目以降は以前の釘跡と重なると固定できないので、柱真をはずして打つことになります。また虹梁をはずした後の柱の欠損が大きければ、その埋木に打っても長押を固定できないので埋木を避けて打つことになります。しかし、断面図をみると二回目の長押を現状よりも少し上に打てば、以前の釘跡や欠損を避けて固定できると思われますが、そうはしていません。つまり、不安定であっても前と同じ位置に打たなければならない理由があったのです。それは来迎壁があったことを意味します。

次は四天柱の仕上げです。四天柱は全体が槍鉋仕上げで、須弥壇内部の隠れる部分は荒い仕上げとし、人目に触れる部分はその数倍細かい仕上げです。詳しくいうと須弥壇上面（須弥壇の上框）から天井長押下端までは小型の槍鉋で丁寧に仕上げています。長押が少しずれたところを観察すると、柱の見える部分と隠れる部分の仕上げの見切り線は明瞭で、きれいな円となって柱を一周しています。この丁寧な仕事は四本の柱すべてに共通です。山岸氏は柱の仕上げは新しく長押を打って絵を描く為に削り直したとしました。確かに埋木にも槍鉋をかけたものがあります。それら改造時の仕上げと建設時のそれとを見分けるのは難しいですが、柱全体を削り直したとは思えません。なぜなら須弥壇内の粗い仕上げはおそらく当初のものですが、須弥壇上までそのままだった筈はないからです。改修前も人が見る部分は細かく仕上げられていた筈ですが、現状の上下の段差は最小限度であり、きれいな仕上げです。上部を再度削り直したとはみられないのです。このような全体の仕上げから精粗の見切りにいたる丁寧な仕事は、柱が立った状態、須弥壇がある状態では困難です。柱や須弥壇を組上げる前、つまり堂を建てたときか、あるいは解体しないと難しい仕事です。しかし、現在の須弥壇は解体されていないと見られます。須弥壇の上框と下框の取り付けは、上框の正面のみは釘を二本打っていますが、ほかはすべて一本、一回です。須弥壇と四天柱はこの建物ができたときから大きい変更はないとみられます。

このような緻密な仕事と納まりに対して、なぜ天井長押だけがその場しのぎの取り付け方になっているのでしょうか。その理由は、そのときすでに来迎壁も壁画もあって、それらは一回目の長押で納まっていたからではないでしょうか。ですから、どうしても以前と同じ位置に長押を打たなければならなかったと考えられます（図6）。

この項を終える前に壁画の年代に関する説を整理しておきます。説は私見を入れると四種類となります。ここでいう壁画は来迎壁と四天柱のものです。

一．壁画は、従来はそれほど問題なく平安時代とされていました。

二．山岸常人氏は宝治三年（一二四九）説です。このとき来迎壁を新設して壁画を制作したとしました（参考文献2）。山岸氏と同時期に調査され、同じ書物に論考を書かれた美術史の安嶋紀昭氏も宝治三年としています（参考文献5）。

三．林温氏は来迎壁、四天柱、小壁の絵は十一世紀半ば頃とし、建物調査との年代の食い違いについて他の建築からの流用など合理的な解釈を期待するとしています（参考文献3）。有賀祥隆氏も大筋は同じです。来迎壁が天永三年（一一一二）に設けられたとすると、半世紀のずれがありますから、次項で述べる他の建物からの移設となります（参考文献4）。

四．ここで述べたのは、現状の来迎壁、天井長押、柱の仕上げがよく整合しているにも関わらず、長押の取り付け方だけがずさんな点に注目した私見です。従って、建設後によそから壁画が移設された筈はないと考えます。しかし、たとえば天永以前の他の建物にあった壁画を現在の太子堂建設時に移設したとすると、壁画にあわせて建物を設計しますから、壁画だけが古くてもよいと考えます。

私は太子堂の建設年代は様式的に天永三年が適合し、来迎壁もあったと考えます。従って壁画の制作年代は天永三年あるいはそれ以前となります。小壁の壁画は天井と整合しているので宝治三年以後となります。

須弥壇回りの壁画が天永三年あるいはそれ以前の作であれば、平等院鳳凰堂［天喜元年（一〇五三年）］や中尊寺金色堂［（天治元年（一一二四）］と肩を並べる古い建築と壁画だということになります。

❖ 本堂の形態と様式

日本の建築様式

1　寺院建築—中国起源（直接あるいは朝鮮半島経由で伝来した）

飛鳥時代　飛鳥様式：法隆寺、四天王寺（扇垂木）など

奈良時代　隋・唐様式↓和様　最初から和風化（垂木は地円飛角、平行垂木）

：醍醐寺五重塔、平等院鳳凰堂など

鎌倉時代　和様

禅宗様〔唐様〕　禅宗に伴って伝来。中国では一般的な様式。

大仏様〔天竺様〕　東大寺大仏殿鎌倉再建の様式　俊乗坊重源（大勧進）

同中期以後　折衷様　新和様（和様＋大仏様）＋禅宗様

和様の基調に大仏様そして禅宗様が混じる。奈良から瀬戸内海さらに全国へ展開、以後の寺社建築様式の基本となる。

和様＋禅宗様　関東にあるが、少数派

江戸時代　折衷様
　　黄檗宗様式　萬福寺（京都）、崇福寺（長崎）など少数。中国の明時代の
　　　建築様式。黄檗宗とともに伝来した。

2　神社建築と住宅―日本起原。
神社建築の古式なもの（伊勢神宮、出雲大社、住吉大社、春日大社、上下賀茂神社）
　基本的に日本で形成され、その後寺院建築様式の影響を受けた。
竪穴住居、高床住居、寝殿造、書院造、民家は基本的に日本で形成された。

飛鳥時代、日本に中国起源の寺院建築様式が入ってきます。それが法隆寺、四天王寺などの飛鳥様式です。次いで奈良時代に、非常に栄えた隋・唐の様式が入ってきます。この中国様式を現在われわれは和様といいます。しかし、同一ではありません。一番わかりやすいのは垂木です。中国の建築は垂木が扇状に配される扇垂木になっています。和様の垂木は平行垂木です。平安時代までの建築は和様ですが、鎌倉時代に栄西が臨済宗を伝えたときに再び当時の中国建築様式が伝わり、これが禅宗様と呼ばれます。以前は唐様といいました。江戸時代の大工技術書の言葉です。ほぼ同じ時期、源平の合戦で東大寺の大仏殿が焼失します。再建したのは、俊乗坊重源という、建築などの技術に明るく、資金集めの力量もあった僧でした。このとき従来

の和様（隋・唐様式）で建てる費用を節約できないかと考え、中国人の棟梁・陳和卿の指揮のもとにたくさんの大工を雇って、大仏殿を建てました。今までの日本の建築のつくり方とまったく違うもので、中国の地方様式です。これを天竺様といいましたが、今は大仏様と呼んでいます。

日本では、外来の文化は必ず和様化していきます。鎌倉時代中期に禅宗様・大仏様が入ってきてからしばらくのち、禅宗建築を建てた大工や、東大寺大仏殿を建てた大工が、その技術を仕事のある地方へ伝えます。禅宗様・大仏様の技術を持った大工たちが、たとえば唐招提寺の再建だとかに携わると、新しく習い覚えた技術を使うわけです。しかし、基本は従来の和様ですので、和様に大仏様、禅宗様が混ざる結果になります。大仏殿を建てた奈良では和様と大仏様が混ざり、新和様（南都和様）と呼びます。奈良から瀬戸内海にかけて律宗の僧が社会事業の建設土木工事で活躍し、大仏様系統のものと禅宗様系統のものが混ざって非常に技巧的なものとなりました。瀬戸内海沿いに点々と和様・大仏様・禅宗様の三つの様式が混ざった折衷様の建築がつくられていきます。今までの和様に比べると見ごたえのある華やかな様式です。鶴林寺本堂は、その折衷様の代表作です。

関東では、鎌倉五山の建築で大工が禅宗様を習得したので、禅宗様が和様と混ざります。ですから関東には鑁阿寺《ばんなじ》（栃木県足利市）や薬王院（茨城県水戸市）といった、和様と禅宗様が混ざっていますが、大仏様は入っていない様式の寺院がわずかにあります。やがて折衷様が日本全国に広がっていき、桃山時代以降の寺社建築の様式はほとんど折衷様になります。そして十七世紀に黄檗宗が入ってきて京都に萬福寺という大きな寺ができます。中国の明の様式です。この様式で建てられたのは萬福寺や崇福寺（長崎県）などです。

図７　本堂外観

和様から黄檗宗の様式まで説明しました。これらは全部中国から輸入したものです。では日本独特のつくり方はなかったのでしょうか。それは神社建築と住宅に残っています。伊勢神宮は、おそらく五世紀にはだいたい今のかたちになっていました。伊勢神宮は二十年に一回つくり直していて、それは奈良時代からほぼ確かです。中国の隋・唐様式はほとんど入っていません。

伊勢神宮や春日大社、京都の上下賀茂神社などは全部切妻造という、二方向だけに流れる切妻屋根です。切妻屋根は中国建築では、召使いの家や物置などに使

図８　二段の海老虹梁・双斗

われる形式で、最もランクの低いものです。中国建築で最もランクが高いのは、東大寺大仏殿のように屋根が四方向に流れる寄棟造で二層という形です。その次は唐招提寺のように寄棟造で一層、それから法隆寺のような入母屋造です。切妻造はそれらの下です。

日本では、伊勢神宮、春日大社、上下賀茂神社、石清水八幡宮などは、切妻造にこだわって形式を造替で伝えました。ですから神社建築には非常に古い形式のものがあります。住宅においては竪穴住居から高床住居、そして平安時代の寝殿造という系統があります。これも日本のものです。書院造はその延長上にあります。民家も日本のもので、地方の風土に合わせて多様な形が生まれました。

鶴林寺の本堂を見てみましょう。屋根は江戸時代に修理を受けていますので、勾配がきつくて江戸時代風です。様式的な特徴として、外観で一番目立つのは柱（図8）の上の複雑な組物です。普通の組物は三斗ですが双斗《ふたつど》という折衷様の特徴的な形もあります。扉は桟唐戸《さんからど》といって、禅宗様で使われるものです。正面には桟唐戸がずらっと並んでいて、全部開けると内部が明るいお堂になり、室町時代の文化の明るさといったものを感じます。

内部は間仕切りで仕切って、正面側を外陣（礼堂）とし、その後方の中央が内陣、両脇が脇陣、背面側は後戸および堂蔵に区画されます。典型的な中世顕密仏教の本堂（主に天台宗・真言宗寺院の仏堂）といえます。中世のこの形式の本堂は約百棟しかありません。なお、南都仏教の古代金堂の形式は内部が一室で、仕切りが

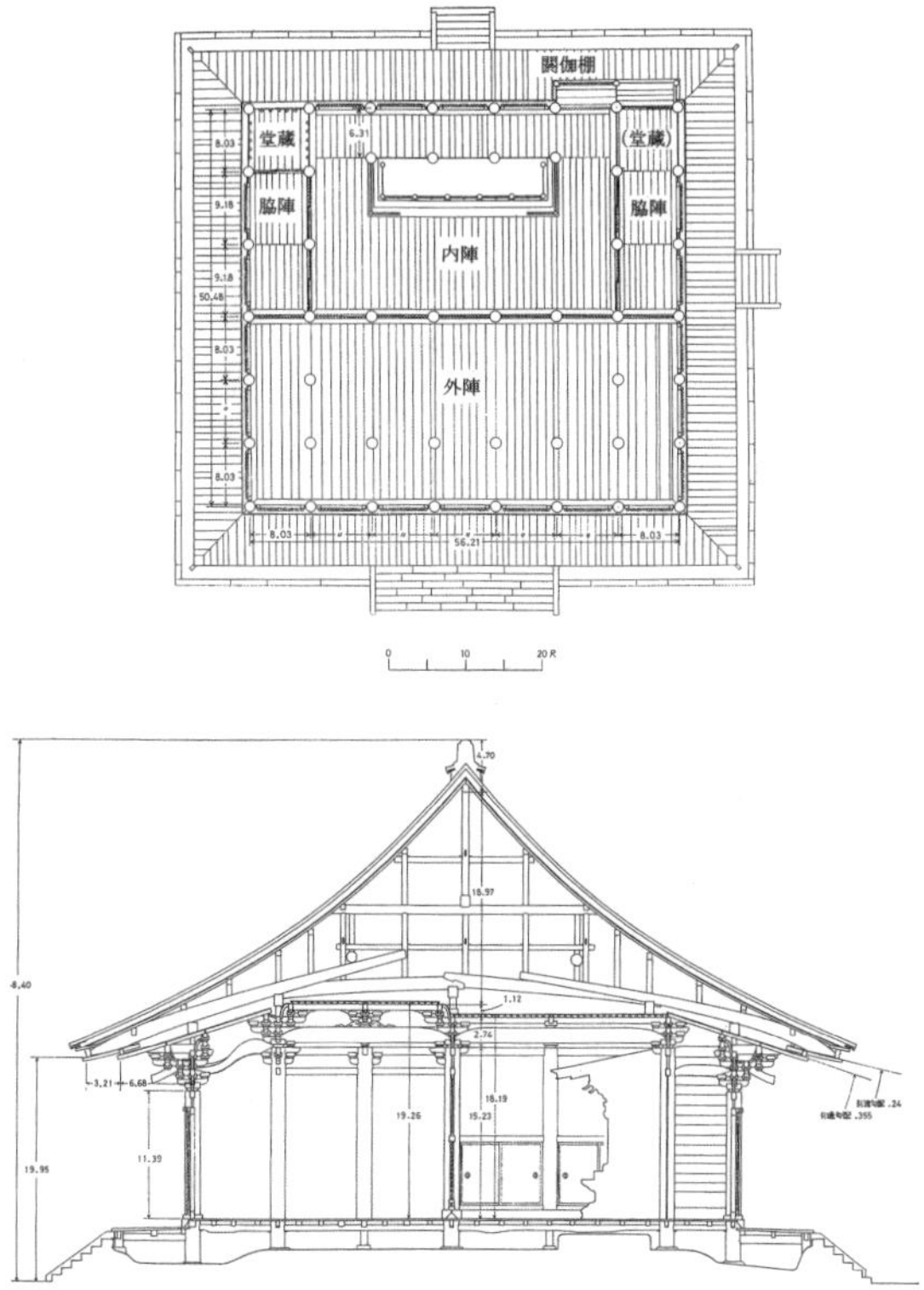

図9　本堂平面図（上）断面図（下）
［『日本建築史基礎資料集成　七仏堂Ⅳ』（中央公論美術出版、1975）］より転載

ありません。法隆寺金堂、唐招提寺金堂、東大寺大仏殿などがそうです。また、新仏教の本堂には禅宗仏殿、浄土宗本堂、真宗本堂、日蓮宗本堂、曹洞宗本堂などがあり、宗派に固有の形態をとります。

外陣でたくさん使われている海老虹梁は禅宗様です。注目すべきは海老虹梁が二段の高さにかかっていることで（図8）、あまり類例がありません。外陣で上を見上げますと、断面が円形に近い水平の大虹梁が四本あります。これは大仏様で使われます。禅宗様では断面が長方形になります。大材が柱筋ごとにかかって雄大な空間を作っています。外陣の外部に近い側は化粧屋根裏で、中央との境に柱が並び、それを横架材がつないでいきます。みごとな構成です。

内陣は通常は入れない場所です。須弥壇・宮殿（厨子）の前が法要の場となります。宮殿は豪華絢爛たるもので、最初に申し上げましたように、その棟札から本堂の建設年代がわかります。宮殿でも和様と禅宗様と両方が見られます。

内陣の横は脇陣です。以下、一般的にいうと脇陣は聴聞の場所です。身分のある武家や公家がこの脇陣でお祈りをします。

また後戸は、法要の際の集合場所であり、準備の場です。僧侶は後戸から法要に出仕します。この本堂もそうですが、供花を準備する閼伽棚がある場合があります。

脇陣の奥は堂蔵です。様々の用途があります。滋賀県の常楽寺、これも鎌倉時代の国宝建造物ですが、そこにも同じ型の堂蔵があります。常楽寺では米を収納していました。昔は、米は通貨と一緒です。堂蔵に保管して、それを貸し、利子を取り、その利益を寺の修理・修繕などの維持費、あるいは法要に充てたりしました。一種の金融業です。常楽寺の堂蔵の縦桟には、いつ、いくら貸したという、貸付簿のようなことが書いてあります。堂蔵は、現在は物置になっている場合が多いですが、仏物（本尊に帰する財物）の保管場所です。経典、文書、証文類、宝物、米などが保管された例があります（参考文献6）。

中世の寺を維持する主体として院坊があって、寺院が自活するための経済活動もします。連合体として何十軒という院坊が協力して、本堂を中心に寺院を維持運営していきます。本堂に蓄積される賽銭や米などは、院坊のものではなく、仏物、すなわち本尊のものとして蓄積しました。それは寺全体の公共的な資財です。これが中世的な運営です。銀行はないし、幕府も当てにならない、警察や裁判所もないからです。中世の大寺院の本堂は、周辺住民と、その上に立つ各院坊の中心にあって、地域の社会活動や経済活動の軸となる存在でした。

このように鶴林寺本堂は、形態は数少ない典型的な中世顕密仏教本堂で、建築様式としては折衷様の傑作です。それに加えて、堂蔵や閼伽棚など、中世以来の寺院経営あるいはお堂の維持のための施設などが一式残っている、非常に貴重な仏堂です。

【参考文献】

1　野地脩左「神社建築と寺院建築─前代天台伽藍の概観」（『兵庫県史　第二巻』兵庫県、一九七五年）
2　山岸常人「太子堂建築の特質と変遷」（『鶴林寺太子堂とその美』法蔵館、二〇〇七年）
3　林温「鶴林寺太子堂内陣荘厳の意想─東北柱画の孔雀騎乗像について─」（『佛教藝術』296、毎日新聞社、二〇〇八年一月）
4　有賀祥隆「国宝鶴林寺太子堂内陣荘厳画私見」（『鶴林寺太子堂　聖徳太子と御法の花のみほとけ』兵庫県立歴史博物館、二〇一二年）
5　安嶋紀昭「太子堂内陣の荘厳画」（『鶴林寺太子堂とその美』法蔵館、二〇〇七年）
6　黒田龍二『中世寺社信仰の場』思文閣出版、一九九九年

太山寺の寺宝と赤松氏

問屋真一

❖太山寺の創建

三身山太山寺は播磨国の東端、明石郡前開、現在の行政区分でいうと神戸市西区伊川谷町前開にある大刹です。古代山陽道の候補の一つに、明石から明石川の支流、伊川を遡り、前開をへて須磨にぬけるルートがありますが、そうだとすると古代の幹線沿いに創建されたことになります。

太山寺は天台宗の寺です。播磨には天台宗の古刹がたくさん存在し、聖徳太子の開基（姫路市の随願寺、加古川市の鶴林寺、太子町の斑鳩寺など）、あるいは法道仙人の開基（加東市の清水寺、加西市の一乗寺など）と伝える古刹が多く、また姫路市の圓教寺は性空上人の開山ですが、太山寺は伝来する「太山寺縁起」によると、藤原鎌足の子、定恵《じょうえ》和尚が草創したとあります。この縁起は天和三年（一六八三）に尊証法親王が天延元年（九七三）の年号がある縁起を書き写したもので、他に太山寺の開創について記したものは伝来していません。寺伝はすべてこの縁起書に拠っています。

定恵は実在の人物で、白雉四年（六五三）十一歳で中国・唐へ渡り、長安で玄奘三蔵の弟子に師事しています。十二年後に百済をへて帰国しましたが、その年に飛鳥で亡くなりました。

帰国してわずか数カ月ですので、太山寺のもとになるような庵を結んだのかどうか、わかりません。定恵側の記録に太山寺のことは記されていないため、寺伝による以外にありません。「太山寺縁起」は次のように伝えています。霊亀二年（七一六）、定恵の甥にあたる藤原宇合卿《うまかい》が明石浦の摩耶谷の温泉に入っていると夢の中に薬師如来が現れ、「ここから東北のところに定恵和尚の結縁の土地がある。その地に寺を建てるという、定恵和尚の夢を実現させなさい」と告げた。それに従い宇合は七堂伽藍を整備し、薬師如来の尊像を祀って太山寺を建立した。元正天皇の勅願寺となり、延暦年間（七八二〜八〇六）には法相宗から天台宗に改宗した。

しかし古文書などの史料では奈良時代まで遡ることができません。最古の記録は、保延三年（一一三七）明石郷小寺の畑が太山寺新堂（阿弥陀堂）に寄進されたという古文書の写しです。とはいえ、太山寺が平安時代後期に突然出現したのではなく、記録に残っていない、その前史があるわけです。

平安時代後期、平清盛は神戸の福原を拠点に政権運営を行い、治承四年（一一八〇）にはわずか六カ月間ですが、遷都を決行しました。清盛の死後、平氏は寿永三年（一一八四）二月の一の谷合戦で敗れ、神戸から四国の屋島に移ります。まもなく源頼朝の信任厚い梶原景時が播磨国守護となり、また太山寺がある伊川荘の地頭兼預所になっています。景時は同年五月に田地を、文治三年（一一八七）には伊川荘内の荒野を太山寺に寄進しました。平氏が摂播の地から退いてすぐに景時が来たことから、伊川荘は事実上、平氏の荘園であったと推測されています。その関係もあって、平氏が写経したと伝わる装飾法華経三十二巻（重要文化財）が寺宝となっています。厳島神社（広島県）の平家納経（国宝）とは異なって平氏の名前は経典になく、寄進の経緯などが分かる史料もありませんが、権力と財力がなければこのような善美を尽くした宝物は生み出せません。太山寺と平氏のつながりを裏付けるものといえるでしょう。

❖全盛期の太山寺――本堂の再建

太山寺の本堂（国宝）は入母屋造、桁行七間、梁間六間というたいへん大きなお堂で、技法は和様を主とし、正面にはすべて蔀戸《しとみど》を用いるなど、古い手法が守られています。時代をあらわす特徴としては、木鼻や西側半分の肘木に禅宗様の要素が見られ、折衷形式に一部なっていることでしょう。堂内は仏の空間である内陣と人の空間である外陣を格子戸で区分する密教本堂式の平面構成です。内陣に桁行三間の須弥壇、その中央の間に弘安元年（一二七八）の墨書銘がある厨子を置き、本尊薬師如来立像（秘仏）を安置しています。現在の本堂は記録に残るかぎり三代目となります。承元三年（一二〇九）八月二十七日、堂舎・仏像・経典など多くが焼失し、院主応進・琳秀らが復興のために勧進しました。更に弘安八年（一二八五）二月にも暴風災火のため本堂・鐘楼・丈六堂などが罹災しましたが、幸いにも本尊・厨子・十二神将像などは焼失を免れ、勧進が九月に始められました。現存の本堂は弘安八年焼失のあとに再建されたものです。

では何年に再建されたのか、明確にはわかっていません。正安四年（一三〇二）に御堂供養を行ったという記録があり、この御堂が本堂だとすれば、正安四年前後の再建となります。永仁元年（一二九三）の古文書に阿弥陀堂修造料田とあることから、本堂再建は阿弥陀堂修造に先行するはずだとして、永仁年間（一二九三～九九）の早いころに本堂が竣工した、とする説もあります。神戸市教育委員会のホームページの解説はこの説を踏襲しています。本堂の再建にあたっては貴顕からの支援を求めて勧進状がつくられました。伊川荘の荘園領主（領家）は京都の公家、西園寺家でした。鎌倉時代の西園寺家は朝廷と鎌倉幕府の仲介役である関東申次を務め、娘を入内させて外戚として権勢をふるっています。おそらく西園寺家が再建の有力な後ろ盾だったと思われます。なお伊川荘はのちに西園寺家出身の永福門院（伏見天皇中宮）、広義門院寧子（後伏見天皇女御、北朝存続のため治天の君の座につく）に伝えられ、寧子歿後は御願寺の大光明寺領になっています。

本堂は昭和三十年（一九五五）に国宝に指定され、昭和三十四年から本格的な解体修理が行なわれました。修理前は瓦葺でしたが、これは享保七年（一七二二）の改修時からで、創建当

太山寺本堂　国宝

初は檜皮葺であったようです。昭和の大修理で瓦葺から銅板葺に改修されています。

伊川谷の奥にある太山寺の背後には照葉樹林の原生林がひろがり、寺の周辺を含め文化環境保存区域に指定されて景観の保護が図られています。参道にそって案内すると、先ず三間一戸八脚門の仁王門（重要文化財）がバス停留所のすぐ近くに建っています。室町時代中期の再建で、移築されたものです。仁王門からは趣のある石畳の参道が続き、両側に龍象院、成就院、安養院の塔頭がならび、少し離れた場所に遍照院、歓喜院があります。かつては四十一の塔頭・坊があったといいますが、天文十二年（一五四三）の記録では二十四、元禄五年（一六九二）には十三に減り、現在は五カ寺です。安養院の枯山水の名庭（安土桃山時代）は名勝に指定されています。石段をあがって境内を見ると、堂々たる規模の本堂に驚くことでしょう。その右手に貞享五年（一六八八）建立の三重塔、左手に阿弥陀堂が配置され、本堂の西に護摩堂、東に鎮守社である観音堂、その北には羅漢堂、釈迦堂があります。境内の東には伊川が流れ、朱塗りの閼伽井橋を渡って奥の院へ登れます。少し上流には、ほぼ等身大の不動明王の磨崖仏が左岸に見えます。鎌倉時代後半ころの磨崖仏で、「弘安」の年号が刻まれているとのことですが、対岸の道からの判読は困難です。江戸時代に配られた一枚刷りの境内図には、廃絶した開山堂・籠堂などの堂塔や塔頭が描かれ、また芝居小屋が境内にあって賑わっていたようです。

❖太山寺に軍勢を催促した護良親王

太山寺の古文書の中で有名なものに「大塔宮護良親王令旨」があります。後述する「追而《おって》書《がき》」・「令旨《りょうじ》」・「注進状」と併せて四通が一巻に成巻され、明治三十四年（一九〇一）から重要文化財（旧国宝）に指定されています。鎌倉時代末期、後醍醐天皇の討幕計画が洩れ、天皇は笠置城で捕らえられて隠岐配流となりましたが、皇子の護良親王は逃げ延びて倒幕活動を続け、軍勢の催促や討幕の祈祷を命じる令旨を次々と出しています。親王は天皇の画策で天台座主《ざす》という比叡山のトップに二度もなった僧ですが、『太平記』によると、武芸を好み、鍛錬を積む人物であり、天皇の挙兵に参戦し、自らも幕府軍と戦った、この時期のキーパーソンです。

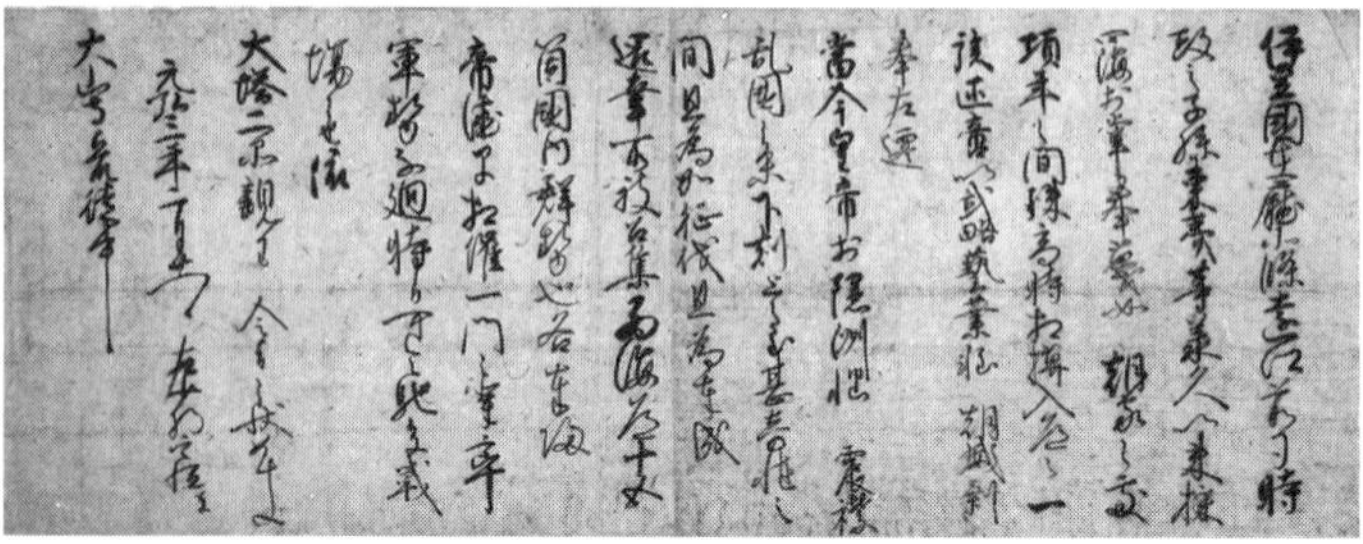

大塔宮護良親王令旨　重要文化財

親王の令旨は各地の寺社や武士に約四十通出されましたが、元弘三年（一三三三）二月二十一日付け太山寺宛の「令旨」はその中でも白眉といえるものです。臣下の吉田定恒が奉じて筆を執ったものですが、堂々とした麗筆で書かれた格調高い長文や、親王の意気込みが行間に溢れていることで知られています。この令旨の特徴は、倒幕の祈祷だけでなく、軍勢を率いて急ぎ戦場に馳参るように命じていることでしょう。「追而書」とは礼紙に書かれたもので、一種の追伸ですが、これも非常に達筆です。「今月二十五日寅刻（午前四時ごろ）に当（播磨）国の赤松（苔縄）城（上郡町）に軍勢を率いて馳せ参じなさい、功名を立てたときの勧賞は好みによる」とあります。太山寺の内部でどのような議論があったのか、知る術もありませんが、太山寺の衆徒の一部は赤松氏に加勢する決断をしたのです。

ところで親王の令旨は各地の大寺社に発給されました。討幕の祈祷だけを命じられた寺社が多いのですが、太山寺と同じく、祈祷とともに軍勢催促のものが届いた寺社も少なくありません。元弘二年（一三三二）六月には熊野山、八月には高野山に届きましたが、両山とも呼応していません。紀伊の粉河寺（紀の川市）には元弘三年正月の令旨で合戦の忠節をはたすように、和泉の松尾寺（和泉市）の宿老には祈祷を、若輩には弓を帯して金峯山に集まるよう同年二月の令旨で命じています。播磨の清水寺には、六波羅征伐に加勢しなければ寺中灰燼に帰すという厳しい内容のものが同年閏二月に届きました。『太平記』によると、比叡山延暦寺にも武家追討が要請されたようですが、断っています。寺社に対して軍勢催促することは今の感覚からすると違和感があるかもしれませんが、大刹であればあるほど武装した僧の集団を抱えていました。時代の大きな変わり目に各寺社は加勢する、しないに関わらず、難しい選択を強いられたわけです。

❖赤松氏と護良親王

赤松氏は鎌倉時代末期に歴史の表舞台へ突然現れたように見えますが、長洲荘（尼崎市）で活動する悪党に関する嘉暦元年（一三二六）の史料に、「執行範資」、「惣追捕使貞範」として、赤松則村（法名は円心）の長男と次男の名前が登場します。鎌倉幕府が京都においた六波羅探題配下の軍事集団の一角を担っていたようです。また天台座主護良親王の側近には円心三男の則祐がいました。親王の令旨は則祐が円心に届けたと『太平記』に語られています。鎌倉時代、播磨国の守護は六波羅探題北方が兼任し、赤松氏の出身地、赤松村のある佐用荘はその料所となり、実際に現地で治めた守護代や代官、又代官まで六波羅配下の武士として活動していたことが近年の研究で明らかになっています。円心もその一人であり、播磨を本拠とする武士でありながら六波羅とのつながりをもとに次代への布石を打っていたといえるでしょう。そして親王の令旨により反幕府の旗色を鮮明にし、討幕の勢力を募ることになったのです。

太山寺宛令旨の本文はどのような相手にでも関係なく発給できる内容のものですが、追而書の指示は個別具体的です。親王はこのころ播磨にいませんので、日時や場所などの詳細な指示は出せないでしょう。楠木正成の赤坂城や千早城で攻防が激化するなか、親王は討幕の有力な軍事集団として、側近の則祐の親である円心の軍勢に期待し、そのため親王の側近中の側近といわれる殿法印《とののほういん》良忠を赤松城に派遣していたことの意義を、神戸大学の市澤哲先生が指摘されています。令旨は親王のもとから太山寺に直接もたらされたのではなく、良忠を経由し、差配した追而書とともに太山寺に宛てたと考えられます。円心のもとに軍勢を集めるにあたって良忠が果たした役割はたいへん大きかったといえます。

❖ 太山寺と赤松円心

ではなぜ太山寺が加勢の候補になったのでしょうか。太山寺と赤松氏とのつながりではなく、護良親王との関係でしょう。太山寺は天台宗の有力寺院の一つですから、親王や側近の良忠、則祐が太山寺に軍勢催促を命じることを考えたと思われます。太山寺衆徒、少なくともその一部は苔縄城に馳せ参じ、そのあとは赤松の軍勢と行動をともにしています。元弘三年閏二月、赤松軍は東進し、太山寺衆徒は十五日に小平野兵庫島（神戸市兵庫区）での合戦、続いて二十三日に尼崎合戦、二十四日に坂部（尼崎市）合戦に参加しました。一方、後醍醐天皇は二十四日、隠岐を脱出しています。三月一日、赤松の軍勢が籠る摩耶城（神戸市灘区）に六波羅軍が発向して合戦が起こりましたが、このとき六波羅軍が敗走します。それまで親王側は敗戦続きでしたが、この摩耶山合戦以降、形勢がかわり、京都に向かって進撃が開始されます。三月三日には親王から太山寺に合戦と祈祷の忠勲を賞して丹波国和崎荘（綾部市）を寄進するという令旨が出されました。しかしその後の太山寺文書に和崎荘は登場しません。空証文になったのですが、合戦からわずか二日後に出されたことに意味があり、親王にとって太山寺衆徒の加勢がいかに喜ばしかったのか、よく伺われます。太山寺衆徒のこのような活躍は四通のうちの

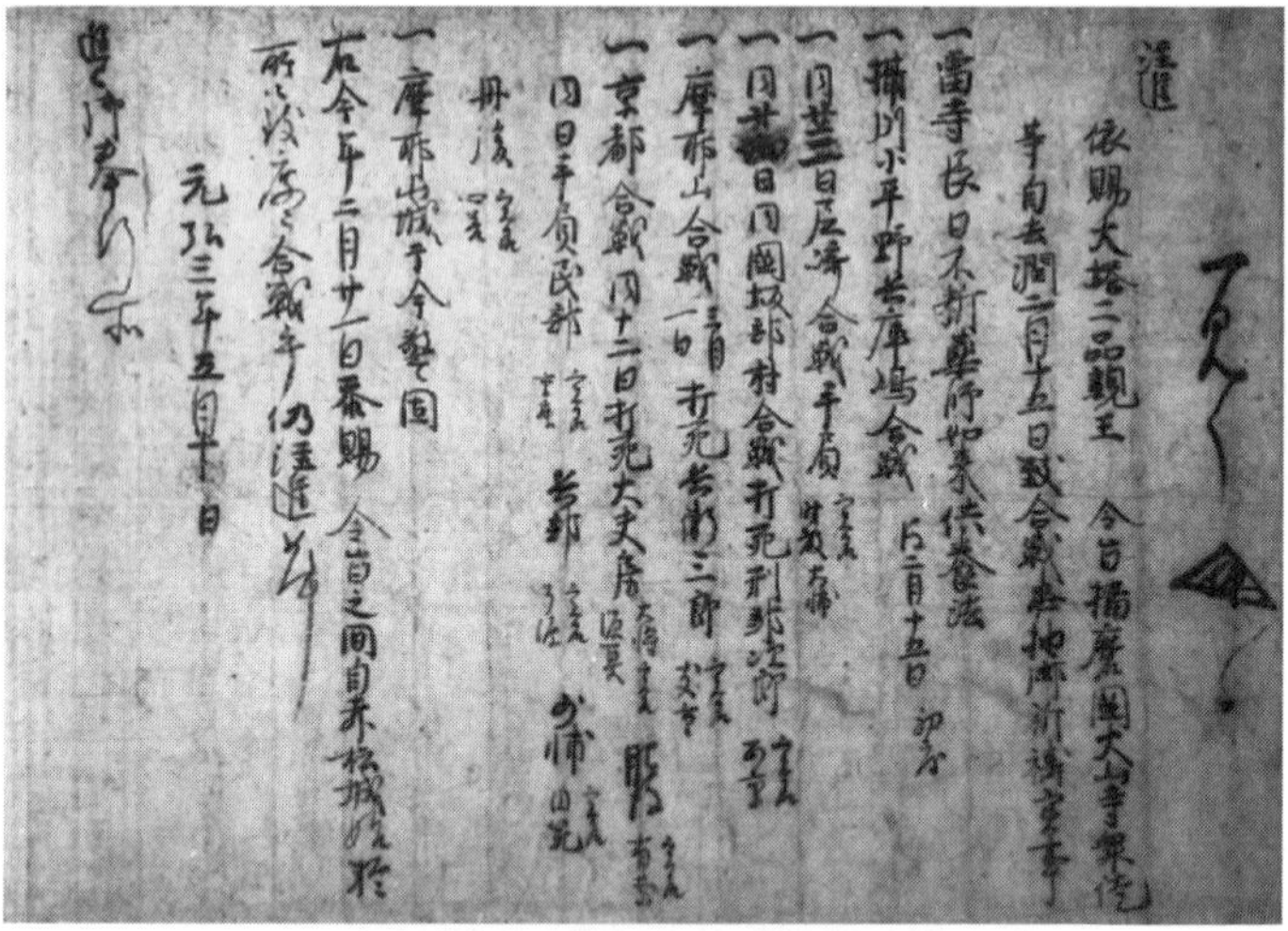

太山寺衆徒合戦注進状　重要文化財

「衆徒合戦注進状」によって判明します。

「注進状」には先ず「依賜大塔二品親王　令旨、播磨国大山寺衆徒等、自去潤二月十五日、致合戦忠、抽御祈祷実事」として、薬師如来供養法という討幕の祈祷を筆頭に、摂州小平野兵庫島合戦、尼崎合戦などを書き上げ、最後に摩耶山城を今も警固していることを報告しています。注意したいのは尼崎合戦での「手負実名時教大輔」、坂部村合戦での「討死形部次郎　実名安重」、摩耶山合戦での「打死兵衛三郎　実名友重」、京都合戦での「打死大夫房　大将実名源真、肥後　実名有慶」「手負民部　実名重舜、兵部　実名了源、少輔　実名円範、丹後　実名心善」などの記載です。なぜこのように合戦の戦死者、負傷者を詳しく書き上げたのでしょうか。文書の右端に「一見了（花押）」と書かれていますが、これは赤松円心が注進の内容を確認し、その証しに花押を据えたものです。のちの論功行賞に備えていたわけです。恩賞がなければ寺社も武士も参陣しません。前述の「追而書」には、褒美は好み次第だと記されていましたが、やはり記録に残し、責任者の確認の証しを得ていたわけです。

❖ 太山寺と建武の新政

元弘三年三月十日に京都で六波羅の軍勢と合戦があり、四月十六日には足利高氏が東から京都に入りました。高氏はこのときはまだ鎌倉から派遣された幕府側ですが、四月二十七日、篠村八幡宮（亀岡市）で倒幕を表明して各地に挙兵を募ります。ここで一気に形勢逆転です。五月七日、高氏が赤松円心や播磨の千種忠顕らとともに六波羅を攻略して、北条仲時らを敗走させます。これにより鎌倉幕府の命運は尽きました。五月晦日、円心は京都に向かう後醍醐天皇を福厳寺（神戸市兵庫区）に迎え、軍功を賞されました。六月五日、天皇がついに京都に戻っています。一番の功労者である護良親王は信貴山で円心に迎えられ、ともに十三日入京を果たしました。凱旋行列の先頭は円心、二番目は良忠でした。やがて建武の新政が始まりますが、親王は天皇や尊氏と反目し、建武元年（一三三四）十月に捕らえられて翌年七月に鎌倉で毒殺されます。

この頃、尊氏は天皇と決裂し、赤松氏も恩賞や処遇などへの不満から離反して尊氏に与します。建武三年正月、尊氏は新田義貞との京都での合戦に敗れ、丹波をへて二月には摩耶山に籠城し、打出浜などで義貞らの軍勢と戦います。このとき太山寺に軍勢催促はなかったようですが、同じ明石郡の近江寺《きんこう》（神戸市西区）に対し、義貞らから尊氏と直義誅罰の祈祷と若輩の衆徒には発向が催促されています。こののち尊氏は九州に海路で下り、立て直しを図ります。一方、円心は尊氏の上洛を待って白旗城に籠り、尊氏討伐のため下向した義貞の軍勢を足止めします。同年五月、海路東上してきた足利の軍勢を迎え撃つため、後醍醐天皇の命により正成が神戸に下向して義貞と合流し、尊氏と弟の直義の軍勢と合戦になります。五月二十五日の湊川合戦です。このとき太山寺は軍事行動を起こした形跡はありませんが、同年八月、太山寺は直義から祈祷を命じられ、甲乙人の乱入狼藉をとめる禁制を下されています。この禁制の意味するところは、太山寺は尊氏の統治下にあって保護するので天皇側に付くことがないよう命じたものです。

少し後のことですが、太山寺に足利直冬の感状が遺されています。貞和六年（一三五〇）十一月二十二日の日付で、尊氏に反旗を翻した直冬が九州から太山寺衆徒の忠節・戦功に対して与えたものです。感状とは、主君などの上位のものが軍功を称賛して与えるものです。この感状は一五・七×一五・二センチメートルの大変小さな小切紙といわれるもので、合戦の現地において密書を送るときによく使われるものです。直冬は尊氏の実子でありながら認知されず、直義の猶子となった人物で、尊氏は同年十月二十八日に直冬征伐のため京都を出発し、十一月十九日には兵庫から備前に至っています。またそのころには尊氏と対立して失脚した直義が南朝側と手を結んだという報が広まりました。前述の感状は所々に出した加勢を募る文書の一つでしょうが、タイミングを見計らって太山寺に送られたものであり、さらに翌年正月には直冬の祈祷所として保護する旨の禁制が下されています。太山寺と直冬とのつながりは何も確認できず、太山寺が呼応した形跡もありませんが、太山寺に対して直冬の陣営に与することを期待するとともに、直冬追討のため播磨まで下向した足利尊氏やそれに加勢する赤松則祐に対する陽動作戦であったのかも知れません。

❖太山寺と藤原範仲

鎌倉時代末期から南北朝時代にかけて、政治状況が目まぐるしく変わるなかで、太山寺近辺で力を持っていたのは赤松氏ではなく、藤原範仲という人物でした。範仲のことは史料の制約からよくわかっていませんが、公卿高倉氏の一門で父祖のころに東播磨に定着し、武士化した一族の一人と考えられています。この一族で淡路国の国司だった高倉少将は、建武二年四月、明石の大蔵谷宿で尊氏方の軍勢と合戦しました。この人物と同一人と考えられる左少将藤原朝臣は翌年の延元元年（一三三六）三月八日、淡路国榎並郷の田地を太山寺に寄進しています。同三年八月二十七日には範仲が太山寺の近くの田地を寄進しました。これらの寄進状には延元の南朝年号を用いているので、この当時は南朝方に与していたと考えられます。暦応二年（一三三九）には、平野殿と呼ばれる藤原範保・範仲の親子が太山寺に伊川上荘の布施畑の一部を寄進しました。これには北朝方の年号が使われています。範仲の一族は一三三九年六月までの間に南朝方から北朝方に転じたことになります。この暦応年間のころは、西摂から東播にかけて南朝方が再三決起し、北朝方の赤松軍がそれに攻勢を加えて合戦が続いていた時期です。

藤原範仲の影響力を端的にあらわすのが貞和二年（一三四六）の「太山寺規式起請文」でしょう。太山寺の僧が自ら綱紀、運営方法などのルールを定めて神仏に誓ったものですが、起請文の最後のところに範仲が花押を据えています。範仲が上位の立場から了解したことを意味しています。続いて範仲は観応二年（一三五一）八月二十日、太山寺衆徒等の祈祷と「当寺の城郭」での戦功に感悦し、恩賞を寄進しています。この頃、赤松氏の惣領となった赤松則祐が南朝の護良親王若宮を奉じて反乱し、東播から西摂を転戦して反赤松勢を制圧し、播磨の領国化を進めますが、「当寺の城郭」とは伊川城のことです。この合戦で太山寺衆徒の戦功がどのようなものだったのか不明ですが、地元の範仲方につき、赤松氏と対立することになったようです。則祐方は九月十二日には伊川城を破り、西摂に進軍しました。

こうして太山寺は南北朝の動乱に巻き込まれながらも、在地の有力勢力の動向を見て大勢を判断し、奉公としての祈祷と戦功を重ねましたが、その目的は恩賞としての寺領の獲得であったのはもちろんのことです。

❖太山寺と赤松春日部家

観応二年十二月、藤原範仲は家門繁栄などを祈願して太山寺に伊川上荘布施畑村地頭職を寄進しましたが、やがて範仲の名前は史料から見えなくなります。その後に太山寺近辺に影響力を発揮したのが赤松貞範です。貞範は円心の次男で、丹波国春日部荘（丹波市）に領地があったため、貞範を祖とする流れを赤松春日部家といいます。貞治三年（一三六四）、貞範が太山寺に対し、寺運営など八カ条の禁制を下します。山内の綱紀、里法師、寺領百姓の扱いなど、全般にわたって規定し、違犯の輩は重科に処すと記しています。前述した範仲の場合では、寺僧自らの起請文の形式をとり、違犯の輩は寺を追い出し、偽りは仏神の罰が心中に蒙る、と記していたことと比べれば、統治者としての威圧的な姿勢になっています。貞範以降も伊川荘辺りは赤松春日部家の満貞、貞村、教貞が治め、太山寺に対して貞範の禁制を踏襲した禁制を下すことが続きます。嘉吉元年（一四四一）六月、赤松満祐が将軍足利義教を殺害して播磨に下った嘉吉の乱では、義教近習で重用された赤松貞村が満祐追討軍に加わって播磨に出陣しました。貞村は太山寺に戦勝祈願を命じ、八月二十六日には明石での勝利を祝して太山寺に野口村（加古川市）の下地を寄進しています。

このように戦乱が続く中で太山寺の名前はたびたび登場しますが、太山寺千三百年の法灯から考えると、むしろ鎌倉時代がより充実した時期だったといえます。太山寺が伝える宝物の数々からそのことが裏付けられるでしょう。

❖太山寺の寺宝とその特徴

兵庫県には歴史的にその地に伝来した宝物が数多く伝わっています。国指定の国宝・重要文化財の件数を都道府県別に見ると一番多いのが東京都になりますが、その大半は明治維新から百五十年の間に地方から中央に集積した結果といえるものです。東京に続いて京都・奈良・滋賀・大阪、その次が兵庫になります。太山寺は播磨の他の古刹と比較して件数では最も多くの国指定文化財を所蔵しています。建造物は、神戸市内唯一の国宝建造物である本堂の一件のみ

表1　兵庫県の国指定文化財（件数）

	県全体		うち神戸市		うち太山寺	
有形文化財	国宝	重文	国宝	重文	国宝	重文
建造物	11	96	1	22	1件1点	1件1点
絵画	1	91	1	48		12件29点
彫刻	1	117	0	20		1件1点
工芸品	2	58	0	18		8件8点
歴史資料	0	1	0	0		
書跡・古文書	4	40	2	15		3件46点
考古資料	1	44	1	13		
合計件数	20	447	5	136	1	25

で、たびたびの災禍が惜しまれます。質量ともに充実しているのが絵画、工芸品、書籍・古文書の分野でしょう。もちろん県、市指定の文化財や、まだ指定されていない文化財の中にも貴重なものが少なくありません。一つの寺として考えればまさに文化財の宝庫といえるでしょう。

太山寺の寺宝を信仰の種類ごとにその特徴を見ていきましょう。

薬師信仰―最澄からの伝統

まず本尊の薬師如来立像に対する信仰が中核になります。比叡山の根本中堂に最澄自刻という薬師如来像が祀られていることから、天台寺院では本尊を薬師如来とするところが多く、太山寺もその一つになります。本堂内陣の須弥壇中央に安置され、秘仏のため拝観できませんが、須弥壇の上の長押に銅製の懸仏が三面吊るされています。中央は坐像の薬師如来と脇侍、左右の懸仏の薬師如来は立像に表わされています。中央の懸仏の裏面に墨書があり、大蔵谷（明石市）の人が願主となって延文二年（一三五七）に寄進したものとわかります。当時から本尊の薬師如来は秘仏であったため、御前立のように本尊の代わりを果たしていたのかもしれません。須弥壇の左右には等身大の木造四天王立像が安置されて本尊を守護しています。鎌倉時代後期の作ですが、樟の一木造で、背中も内刳りしない古様を残したものであり、焼失した四天王像を忠実に再現したものと考えられています。

法華信仰―天台宗の根本経典、法華経

天台宗では法華経を至上の教えとし、法華信仰を主題とするさまざまなものが生み出されました。とくに平安時代後期、法華経に説かれる写経の功徳を求めて盛んに写経が行われました。その代表が「平家納経」ですが、太山寺にも前述のとおり平氏ゆかりの法華経三十二巻（重要文化財）が伝来しています。そのうち二巻の見返しには経典の内容を描いた経意絵（普賢十羅刹女影向図、五台山文殊菩薩）があることで知られていますが、他巻にも経文の文字を金泥で見返しに配置したり、金や銀の細かな箔を散らしたり、軸端に華麗な意匠を工芸的に施すなど、どの巻も装飾豊かなものになっています。法華信仰に関するものは他にもあり、法華経法の本尊、法華曼荼羅図（鎌倉時代後期　重要文化財）は法華経宝塔品にもとづく珍しいもので、中央の宝塔の中に釈迦と多宝如来が並んで描かれています。また後述する「法華玄義」などの天台教学の版本が揃って伝来していたことも特筆すべきことです。

密教信仰──最澄、その弟子が伝えた天台宗の密教

密教の教主、大日如来を中央に諸仏を配置して密教の根本的な考えを図示したものを両界曼荼羅図といい、金剛界と胎蔵界がセットになっています。太山寺には重要文化財の両界曼荼羅図の絵画が大小二種類伝来しています。縦二メートルを超える大きな両界曼荼羅図（鎌倉時代後期）は現図系といわれ、真言宗の開祖、空海が中国から持ち帰った両界曼荼羅図の描き方を踏襲し、日本では一般的なものです。それに対し、小曼荼羅と呼ばれる両界曼荼羅図（鎌倉時代後期）は現図系と図様が異なります。現図系の金剛界は中央に成身会を配置し、全体を九つの会から構成する曼荼羅ですが、小曼荼羅は成身会のみからなり、八十一尊曼荼羅とも呼ばれるものです。胎蔵界では中央の大日如来を囲む仏の位置が現図系と異なります。これらは天台密教（台密）特有の図様になっています。

敬愛や除災などの愛染法の本尊として用いる愛染曼荼羅図（鎌倉時代中期　重要文化財）も、他に例のない仏の配置構成となっており、また美術的にも優れた描写となっています。刺繍で表装にあたる部分まで装飾した両界曼荼羅図（鎌倉時代　重要文化財）も現存しています。現図系で、金剛界と胎蔵界を別々に製作して上下につなげています。仏の姿は髪毛で梵字に表しており、一針一針に追善や逆修の祈りを込めて奉納されたのでしょう。

太山寺で最古の彫刻は平安時代後期の不動明王立像です。一木造ですらりとした長身の割に

は奥行きが豊かであり、古様を残したものです。

阿弥陀信仰（浄土信仰）

平安時代、比叡山で阿弥陀仏の名を唱えて仏の周囲を回る修法が始まり、浄土教が盛んになりました。太山寺でも保延三年（一一三七）には阿弥陀堂が建立されています。現存する阿弥陀堂は江戸時代の建物ですが、内に祀られている阿弥陀如来坐像（重要文化財）は高さ二七五センチメートルの堂々たる丈六像で、全身に厚く漆箔が施されています。製作時期は鎌倉時代といわれていますが、構造が不明なため時代判定が難しくなっています。

山王信仰（垂迹）、修験道

江戸時代以前は神仏混合の社会でしたので、太山寺でも様々な神々を祀っていました。現在でも、鎮守社である観音堂には熊野・白山・吉野の三権現像（鎌倉時代）を祀り、また比叡山の守護神として崇敬された山王の神々への信仰にまつわる遺品や、吉野曼荼羅図（室町時代）など修験道に関係する文化財も少なくありません。

海外の影響を受けた宝物、渡来した宝物

太山寺の文化財の大きな特徴は、中国・朝鮮の影響を受けたもの、渡来品が少なくないことです。その筆頭に十一面観音像（鎌倉時代中期　重要文化財）を挙げられるでしょう。面長の厳しい顔つき、長く伸びた爪、墨色だけでの岩座の表現、細くなったり太くなったりする表情豊かな肥痩線を用いている点などに中国・宋の影響が顕著に見られ、舶載画を学んだ優れた者の手によると考えられています。釈迦三尊像（鎌倉時代後期　重要文化財）の描き方も宋の影響を強くうけており、脇侍の両菩薩の像容も宋時代以降の新しいスタイルに拠っています。楊柳観音像（鎌倉時代中期　重要文化財）には白く透けるヴェールや金泥の細緻な文様などに高麗仏画の特徴が顕著に見られます。高麗製か、それを日本で写したものか、説が分かれています。

高麗から将来された宝物に、紺紙金字の高麗経一巻があります。見返しには水平に剣を持つ護法神将像を金泥で描き、奥書に金字で「甲子歳、高麗国王発願写成金字大蔵」と記されています。高麗時代は仏教が盛んで、金字、銀字の書写事業が国王など貴顕の間で企てられました。甲子歳は一二六四年と推定されています。そうだとすると現存する金字の高麗国王発願経のうち最古の遺品となります。また十四世紀中頃に高麗で写経された紺紙金字の新訳華厳経八十巻のうち巻第四十二の一帖が伝来しています。見返絵では金泥で浄土の様子を細密にあらわし、主尊にのみ彩色があります。本来セットであったと思われるものが日本や韓国の美術館などに収蔵されています。

天台教学の寺

本講で紹介できたのはごくわずかですが、鎌倉時代の度重なる災禍からの復興を図る中でこ

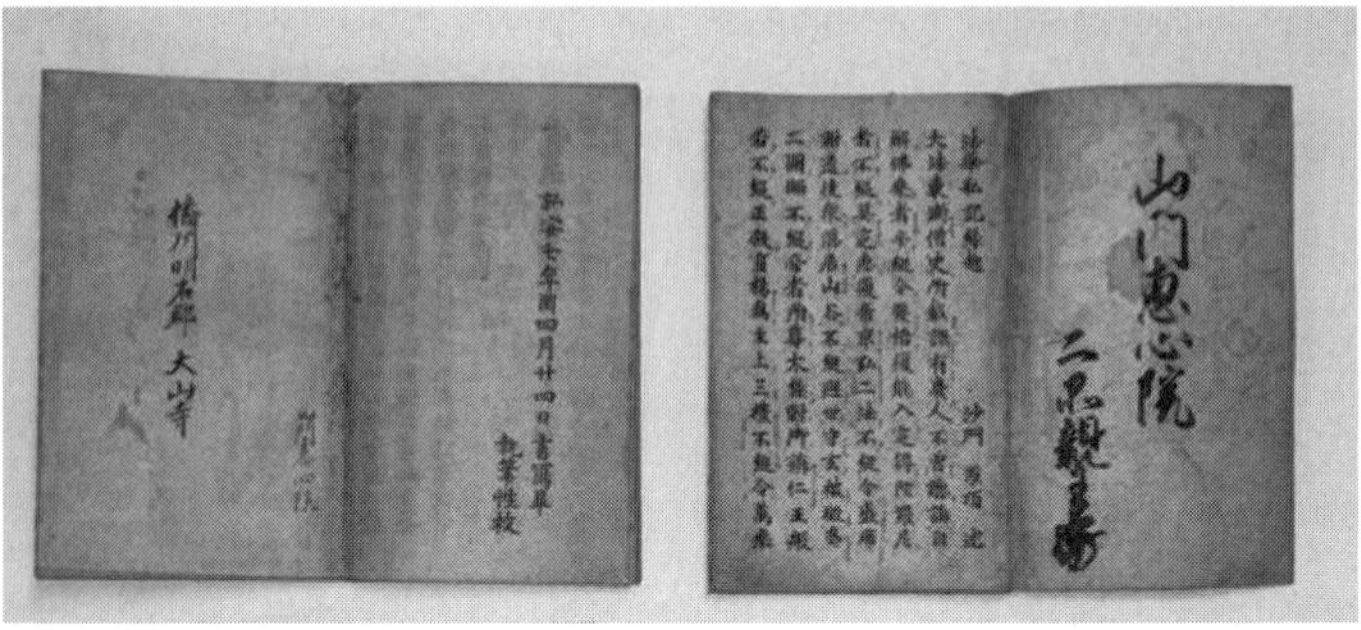
法華玄義　叡山版

のような宝物の数々が整えられたことがお判りいただけたと思います。貴顕からの寄進が大半でしょうが、教学の関係では太山寺の僧が寄進したものが少なくありません。延文四年（一三五九）、行年六十五歳の学頭僧仙英は両界曼荼羅、経典、真言書などを後進のために寄進しています。前後しますが、嘉暦三年（一三二八）に性遍が往生をとげる時、五部大乗経、宋本の梵網経、天台三大部などの経典を施入しています。この中で注目されるのは天台三大部です。これは比叡山で弘安二年（一二七九）から十七年をかけて木版で刊行された法華三大部を指すのでしょう。経典はこれまでほとんどが手で書き写して伝えられましたが、平安時代後期には奈良の興福寺で木製の版木を刷って経典を出版する事業が始まり、続いて高野山でも取り組まれ、比叡山では少し遅れて鎌倉時代から根本経典である法華三大部（法華玄義・法華文句・摩訶止観）とその註疏類、全百五十巻の出版が始まりました。権大僧都承詮が願主となり、結縁者の僧俗が版下を清書し、その中には宋人の名も見えます。これらは叡山版と呼ばれ、春日版や高野版に比べ当初から少部数の稀覯本だったようです。太山寺の性遍は刊行後まもなく叡山版を入手し、教学の充実に努めていたと思われます。

❖比叡山焼き討ちと太山寺

写真は太山寺が所蔵する叡山版の一つ「法華玄義」で、太山寺の先代のご住職が東京の古書店から買い戻されたものです。手書きで「播州明石郡大山寺」、「山門恵心院　二品親王（花押）」と書き加えられています。なぜ太山寺に伝来した大切な教学の書籍が比叡山横川の恵心院に伝来することになったのでしょうか。神戸市立博物館や慶應義塾大学の図書館などにも太山寺旧蔵の叡山版が収集されています。なぜ巷間に太山寺旧蔵の叡山版があるのでしょうか。

恵心院に移った事情は太山寺の古文書の中にしっかりと書き留められています。天正十二年（一五八四）八月、青蓮院門跡の尊朝法親王から書状が届きました。それには織田信長の比叡山焼き討ちで罹災した恵心院を再興するために教学書や経典を集めていたところ太山寺にあると聞いたので寄進を求めると書かれていました。護良親王令旨のように軍勢の催促も困りますが、教学書を寄進すれば「満徒大慶仏法再興之基、不可過之者也」と門跡から言われれば、要請を地方の寺院が断ることは困難であったと思われます。太山寺の極めて口惜しい気持ちは経緯とともに記録に残し、書状の添状として伝えられています。それには、議論のすえ叡山版を寄進することになったが、法華三大部は門跡が披見し、その証拠として花押を据えて恵心院に渡すことになった、末代の覚えに書き残す、とあります。これにより太山寺旧蔵の叡山版三大部には、太山寺の名前はもちろんのこと、青蓮院門跡の署判があるわけで、太山寺の意地が伺えます。また巷間に流布したのは、明治のはじめに恵心院が衰退したためでしょう。

鎌倉時代のものに優品が多い太山寺の絵画のなかで、一つだけ時代の違うものがあります。「四季山水図」という屏風で、十五〜十六世紀のころのものです。落款はありませんが、様式からして、作者は狩野派の始祖、狩野正信（一四三四?〜一五三〇）でほぼ間違いないと美術史の専門家は以前から指摘していましたが、平成二十六年に国の重要文化財に指定され、あらためてその価値が認識されるようになりました。

幕府御用絵師である正信の作品が伝来したのは有力禅宗寺院や戦国大名家であって、地方寺院には高嶺の花の作品であり、また正信に注文するだけの力は室町時代の太山寺にはなかったでしょう。ではなぜこの四季山水図が太山寺に伝来しているのか、寺伝では周文という室町水墨画の巨匠の作と伝えるだけで、入手の経緯は伝わっていません。推測ですが、太山寺から恵心院に叡山版の寄進が余儀なくされましたが、その返礼ではないでしょうか。おそらく青蓮院

四季山水図　左隻　重要文化財

門跡の指図ではないかと想像できますが、確証はありません。文化庁の文化遺産オンラインの説明にあるように、正信の基準作である国宝「周《しゅう》茂《も》叔《しゅく》愛蓮図」（九州国立博物館蔵）と似た表現があり、正信の大画面障壁画を想起させる稀な作例であって極めて貴重、として重要文化財に指定された屏風が太山寺になぜ伝来したのかといえば、やはり門跡の力が働いたとしか考えられません。言い換えれば叡山版の教学書が宗門にとってそれ以上に大事なものだったのです。

　本日は長い話しにお付き合いいただきありがとうございます。この機会にぜひ太山寺に足を運んでいただければ有り難く思います。

鶴林寺の国宝と寺宝

吉田実盛

❖鶴林寺の草創期に関する問題

鶴林寺には浄心院《じょうしんいん》、宝生院《ほうしょういん》、真光院《しんこういん》の三つの塔頭《たっちゅう》がありまして、私は真光院の住職です。この三院の住職が現在の鶴林寺の建物群を管理しています。いま浄心院の茂渡《しげと》俊慶《しゅんけい》住職が鶴林寺の代表役員であり、住職です。宝物館もありますが、大きな美術館や博物館のように学芸員が何人もいるわけではなく、私どもがお軸を外したり仏像を動かしたりしながら展示替えをして、皆さまに拝んでいただけるようにしています。

昔は寺のまわりにもっと塔頭（坊）がありました。室町時代の中期から後期にかけての記録には四十八か坊と出てきます。寺の縁起には二百坊と出てくるのですが、それはいくらなんでも言い過ぎだと思われ、四十八か坊が間違いないところでしょう。当時、坊には、一休さんのような小僧が住職のお世話をするというかたちで師匠と弟子とが暮らしていましたので、一坊に少なくとも三、四人、多いところになると十人ぐらい住んでいました。そうすると四十八か坊ですから、一番栄えたころには三、四百人ぐらいの僧侶がいたということになります。鶴林寺の由来にも「僧五百人」と出てきます。五百人もいた僧侶は何をしていたかというと、賄いの雑用をする僧侶、写経をする僧侶、仏画を描く僧侶、法要をする法要僧と、いろいろな役割を分担・分業していました。そんななかで一番特色あるのは、法要のはじめと終わりに雅楽を奏する楽僧《がくそう》です。鶴林寺には七、八十名はいたようです。今でいえばオーケストラを寺が抱えていたような感じです。

鶴林寺には国宝が二つあります。室町時代初期の折衷様式《せっちゅうようしき》の代表格である本堂と、平安時代の特色を充分に持つ太子堂です。建てられた時代と特徴の違う二つの国宝があるのが、鶴林寺の目玉となるところです。兵庫県内に、国宝を二堂持つ寺は、ほかにはありません。

鶴林寺の草創期、鶴林寺がいつできたのか、太子堂がいつできたのかというのは、なかなか難しい問題です。現在、太子堂は天永三年（一一一二）建立が通説になっていますが、それが本当に鶴林寺の出発かというと、寺としては、少し違うのではないのかと考えております。

鶴林寺に不開門跡《あかずのもん》の伝承があります。聖徳太子が滞在するために建てられた「木の丸殿《きのまるでん》」の門があったと伝えられるところです。太子がなぜ木の丸殿に滞在していたかというと、当時、高句麗からやって来て奈良で活躍していた恵便法師《えべん》が、物部氏などの排仏派に追いやられたのか加古川に隠れ住んでいたのですが、その恵便法師の教えを聞くためでした。聖徳太子が本当に来られたのか、ここに本当に不開門があったのか、その奥に本当に木の丸殿があったのか、それは誰にもわかりません。そんななかで私の師僧であり父親である吉田亨盛《よしだこうせい》が『東播磨の歴史　上古編』に書いている論考をちょっと紹介します。

「鶴林寺らしき聖徳太子ゆかりの寺が昔あったのは間違いないだろう。しかも加古川には加古川の西堤、右岸には中西廃寺と呼ばれた寺があった。加古川の少し北には西条廃寺といわれる寺があった（現在の西条廃寺公園）。野口廃寺という寺もあった。これらいずれもが聖徳太子とゆかりのあった寺だということは、どうも間違いなさそうだ。その理由は、廃寺を発掘調査すると、左側が金堂、右側が塔という法隆寺式伽藍配置が発掘されているのだ。いずれの寺においてもそうである。これはこの地域が太子と深い由縁があったとみなければならないであろう。ところが小野の上淀廃寺など、加古川市外に出ていくとそういう法隆寺式の遺構は確認されない。よって加古川の中心部から数キロのエリアに及ぶところが聖徳太子とゆかりの深い地域であって、そこに太子ゆかりの寺が数か寺あったというのは間違いないことであろう。それらの寺がなぜ廃寺となってしまったのであろうか。それはおそらく貞観大地震、山崎断層の動いたあの大地震によって、加古川あたりの政治の庁舎、お宮、寺などの大建築物はことごとく破壊されたのであろう。そのことごとく灰燼に帰して倒壊してしまった数か寺を復興するのはほぼ無理であったろう。そんななかで加古川流域の人たちがなんとか聖徳太子の思いを一つにしてお参りする場所を一つでも再建したいと願っていたのが、現在の鶴林寺につながってくる建物になるのであろう。」

息子だからというわけではありませんが、私もそのあたりが妥当だろうと思っていて、鶴林寺太子堂建立のもっと前に、そういう歴史背景があったのではないかと考えています。

❖ 太子堂の建立

太子堂は、平安時代の天永三年建立とされます。兵庫県で最古の木造建造物です。この太子堂は、全国最古の法華三昧堂でもあります。法華三昧は中国の天台大師智顗《ちぎ》が『摩訶止観《まかしかん》』という書物に書いた四つの三昧行のうちの一つで、法華経を基に二十一日間行なうもので、その行をするためのお堂が法華三昧堂です。また、聖徳太子の御霊《みたま》を祀る聖霊院でもありました。

この太子堂の南東側の屋根板に墨書があり、こんなことが書かれています。「聖徳太子創建以来、三度目の修理が天永三年、四度目の修理が宝治三年（一二四九）、そして今回行なった五度目の修理が正中三年（一三二六）である。」これに関して京都大学の山岸先生がこんなコメントを残されています。「創建と一度目、二度目の修理については具体的な年号が記されていない。これは当時伝承以外に拠るべき典拠がなかったためであろう。実際、現在の太子堂の様式、技法上最も古い材といわれるのは本体部の柱や組物であり、これは天永三年のその年にあててよいものである。柱の上にある大斗の背が高いが、この高さが高いのは、天治元年（一一二四）建立の平泉中尊寺金色堂に近いものであると認められる」。現在の太子堂が建ったの

太子堂

は天永三年としてよかろうというのが山岸説です。『兵庫県史　第一巻』では「聖徳太子草創はあとから付け加わった伝承で、けっきょく平安時代後期のころ発願建立とするのが正しいであろう」と記されています。ところが先ほど見た墨書はそうは書いていません。天永三年は三度目の修理だと書いてあります。これを信用してはいけないのでしょうか。今の太子堂は天永三年に建ったのでしょう。しかしその前に、何がしか太子堂の前身の建物があって、地震か火事か老朽化のためかわかりませんが、その建物を建て替えたとは考えられないでしょうか。そう考えると、鶴林寺の歴史は天永三年よりもっとさかのぼってもいいのではないかと思います。また、聖徳太子ゆかりの寺だと加古川の人たちがずっと思って、お参りをしてきたことは間違いのない事実でしょうから、それをも否定して、太子堂の建立の平安時代から鶴林寺は生まれたのである、と言い切ってしまわれるのは、なにかちょっとさびしい気がいたします。

❖壁画の意味

太子堂は、法華三昧を行なうにあたり法華経に基づいた堂内のつくりとなっています。内部は、壁も柱も煤で真っ黒になっています。

この真っ黒になった仏後壁の表側に九品来迎図《くぼんらいごうず》（重要文化財）という絵が描かれています。この復元模写画を五年前に完成させました。絵の左上から順に、上品上生《じょうぼんじょうしょう》、上品中生《じょうぼんちゅうしょう》、上品下《じょうぼんげ》生《しょう》、中品上生《ちゅうぼんじょうしょう》、真ん中辺りの左から中品中生《ちゅうぼんちゅうしょう》、中品下生《ちゅうぼんげしょう》、下品上生《げぼんじょうしょう》、その下が下品中生《げぼんちゅうしょう》、下品《げぼん》下生《げしょう》の図が描かれています。これには平安から鎌倉にかけての人々の暮らしぶりが描かれていて、下品中生図には、お堂に放火したり塔に登ったりと悪行をしている人、中品下生図には、困った人にお米か何かを差し上げる布施の善行をしている人がいます。いいことをしたらこうなりますよ、悪いことをしたらこうなりますよと示されているわけです。上品図や中品図には、山のあちらこちらから阿弥陀様が迎えにこられる様子が描かれていて、行者を励ますため、善行功徳を励ますための絵だと思われます。下の水辺では鵜飼をしているような様子が見られます。岐阜県・長良川の鵜飼組合は、この部分を「日本で一番古い鵜飼」としてパンフレットに使ってくださっています。

一方、裏側には、お釈迦様の涅槃図《ねはんず》（重要文化財）が描かれています。この涅槃図の特色と考えていることを四点ほど申し上げておきたいと思います。まず一つ目は、涅槃図は時代が下がってくると、お釈迦様の尊さを表すために、お釈迦様がもっと大きく、弟子である菩薩・羅漢が小さく描かれるようになります。私は「お釈迦様のガリバー化」と呼んでいます。しかしこの涅槃図はそんなに大小の違いがありません。二つ目は、あとの時代になると下辺にいっぱいの動物が集まってくるところが描かれるようになりますが、この涅槃図では獅子が一頭だけ、それもひっくり返っているという大変めずらしい構図になっています。三つ目は、衝立てのようなものがあります。ほかの涅槃図にはこんな衝立てはありません。この衝立ての理由は、研究者にもわからないということです。四つ目は、絵の真ん中、沙羅の木がお釈迦様のお腹の辺りに重なって大きく描いてあることです。これもめずらしいです。現在の葬式でも、祭壇の前に紙で切ったような白い花を四本置くことがあり、それを四花《しか》といいます。これはお釈迦様が四方に沙羅の木があるところに亡くなるという伝承に基づいて、そのときの東西南北の四本の枯れた沙羅を表しているのです。この涅槃図を描いた絵師もその四本の沙羅の伝承を聞き、西の沙羅を描こうとして、お釈迦様は北枕になっていますから、絵の真ん中にお釈迦様のお腹に重ねて描いたわけです。これが後世になると絵師のテクニックが上がってきて、西の沙羅を描くのにお釈迦様に重ねることなく、もっと手前に描くようになります。

おもしろいのは、絵師が想像して描いている箇所がいくつかあることです。その最たるものがお釈迦様の枕です。南アジアから東南アジアに伝わったお釈迦様の涅槃図では、必ず右手を手枕にして亡くなるお姿になります。ですからお顔がこちらを向きます。そのことを仏教の用語で「頭北面西《ずほくめんさい》」といいますが、その頭北面西が伝わっていないので、この涅槃図のお釈迦様のお顔は上向きで描かれています。もう一つ、絵師が想像したのは、右上の摩耶夫人《まや》（釈迦の母親）の姿です。後世になると、今こちらに向かっている姿が描かれますが、この涅槃図では、振り返りつつ帰っていかれる姿となっています。どんな意図があって絵師はこう描いたのでしょうか。この画面は、お釈迦様がすでに臨終を迎えたあとの様子です。そのときに摩耶夫人がこちらに来つつあるならば最期のお別れに間に合いません。だからこの絵師は、母と息子を対面させてあげたいと考えたのでしょうか、天空から来た摩耶夫人は、お釈迦様が息を引き取る前に会い、それから「私は先に天界へ帰っています」と帰ろうとしている姿で描いたのです。ところがあとの時代になると、お釈迦様が亡くなったあとに摩耶夫人がお迎えにこようとしている姿を描くようになります。

鶴林寺太子堂の涅槃図にはこのような特色があり、日本の涅槃図のなかでは時代的に古いということがいえます。これが、鶴林寺の見解です。美術の専門家のなかではこの絵の解釈は大きく分かれていて、建物が建ったであろう天永三年（一一一二）の前後に描かれたという説と、それからずっと遅れて鎌倉時代になってから宋画の影響を受けて描かれたという説と二種類あります。いつ描かれたかは確定できませんが、いま申し上げたとおり、大変古い涅槃図の特色がいくつかみてとれると考えられます。

❖常行堂の建立と常行三昧

常行堂（重要文化財）は、本堂を中心にして太子堂の反対側にあります。太子堂は本堂の東側、常行堂は西側にあります。先ほど申し上げたように、天台宗では中国・隋の時代に天台大師智顗《ちぎ》が『摩訶止観《まかしかん》』という書物を書き、そのなかで常坐三昧《じょうざざんまい》、常行三昧《じょうぎょうざんまい》、半行半坐三昧《はんぎょうはんざざんまい》、非《ひ》行非坐三昧《ぎょうひざざんまい》の四つの修行を示しました。この四つの修行法というのが大事なのです。鶴林寺の場合にはこの四つの修行法を行なう場所がそれぞれ別にあります。

常坐三昧は坐禅をすることで、これは仁王門（県指定）の楼門の上で行ないます。常行三昧は常行堂で行ないます。半行半坐三昧は太子堂の法華三昧がこれに当たり、坐禅をしたり（半坐）仏様のまわりを歩いたり（半行）します、非行非坐三昧はお経の論義をしたりするもので、本堂に当たります。伽藍配置をご覧いただくと、常坐三昧の仁王門（大門）、非行非坐三昧の本堂、半行半坐三昧の太子堂、常行三昧の常行堂と、四つのお堂が十の字を書くようにきれいに正対するように並んでいるのがわかります。これが鶴林寺の伽藍配置の骨格をなすものです。同じ天台宗で、姫路に書写山圓教寺があり、同じように法華三昧をする法華堂や常行堂がありますが、山寺で山の起伏に沿ってお堂を建てないといけないので、鶴林寺のように正対するように建てられません。鶴林寺ではそのように特色ある配置の四つのお堂が、それぞれに機能しながら、四つの修行法を行なっていました。

この常行堂は平安後期のもので、常行三昧をするお堂としては全国最古のものとなります。中に阿弥陀如来がいらっしゃって、そのまわりを九十日もぐるぐると歩き回りながら、行を続けます。その間、食事は摂れますしトイレにも行けます。ただ重要なことですが、背中を付けて横になって寝るのは許されません。お堂に横に渡している竹にもたれかかるようにして立ったまま仮眠をとり、起きたら、また歩き出すのです。そんな調子で九十日も続けると意識朦朧となってきます。非常に厳しい行といえるでしょう。こんな行をするお堂は平泉の毛越《もうつ》寺の常行堂、福島県の白水《しらみず》阿弥陀堂、大分県の富貴《ふき》寺の大堂《おおどう》など全国に結構あります。そんななかで鶴林寺の常行堂が、全国最古の常行三昧堂として残っているのです。太子堂は、先ほども言いましたが、全国最古の法華三昧堂です。それが対になって本堂の横に並んでいるというのは、非常に貴重だといえます。

❖本堂の建立した時代

本堂は応永四年（一三九七）の建物となります。折衷様式の代表建築です。

日本に大陸から古い時代に伝わった建築様式のことを、日本で生まれた様式ではないのですが、古来からの日本様式という意味で和様《わよう》と呼びます。鎌倉時代になって二つの特徴的な建築様式が日本に輸入されてきました。一つが禅宗様《ぜんしゅうよう》です。鎌倉幕府の北条執権が鎌倉に中国の禅宗のお坊さんを呼び寄せて、北鎌倉に建長寺や円覚寺が建てられましたが、その様式です。昔の建築学の本で唐様《からよう》としていたものもありますが、現在では禅宗様と呼んでいます。もう一つが大仏様《だいぶつよう》です。源平の合戦で東大寺が焼かれ、大仏殿の大仏さまの銅が溶けて首がごろんと落ちるという大事件が起こりました。その復興を目指して立ち上がったのが、鎌倉時代の俊乗坊《しゅんじょうぼう》重源《ちょうげん》上人です。全国に七カ所といわれる東大寺の支院をつくり勧進（寄附）をつのる拠点としました。そのうちの一つが現在の兵庫県小野市の浄土寺となっていきました。この浄土寺の建築様式を、重源上人が大仏殿の建立のために中国の南部から持ち込んだ様式ということで、大

本堂

仏様と現在では呼びます。昔は天竺様《てんじくよう》という言い方をしていました。

　鎌倉時代に禅宗様と大仏様が日本にやって来ると、元々あった和様とくっついて、折衷様式が興ることとなりました。神戸市西区の太山寺《たいさんじ》の国宝本堂は、折衷が始まった初期の折衷様式の建物です。また、加東市にある朝光寺《ちょうこうじ》の本堂も、折衷様式です。鶴林寺の本堂のできた応永年間は室町時代の三代将軍足利義満公の時代ですから、鶴林寺本堂は折衷様の建物群のなかでは晩期の建物ということになります。そして鶴林寺本堂ができてからしばらくすると、どういうわけか折衷様式がパタリと日本から姿を消すこととなります。そういう意味で鶴林寺本堂は、完成度の高い、折衷様式が円熟期を迎えた頃の代表的な建築だといえます。

❖ 折衷様

では、どんなふうに折衷しているのかをみてみましょう。

鶴林寺の本堂のなかに入りますと、特徴的な丸く削られた横部材がみえます。これが、大虹《だいこう》梁《りょう》といわれる大仏様の梁になります。ところが柱の後ろ側をみますと、S字に曲がった部材が見られます、これが海老虹梁《えびこうりょう》といわれる部材です。禅宗様の代表的意匠で、高さの違う柱の上の斗をS字形の虹梁で結ぶものです。この海老虹梁は角材です。

次に肘木《ひじき》です。肘木というのは、重量挙げの持ち上げたときの肘の形をした部材です。まず、丸柱の上にのっていて舟の底のようにみえる肘木を舟肘木《ふなひじき》といい、これは和様の肘木です。ところがその隣にある、雲型蟇股《くもがたかえるまた》の上に斗がのっていて、その斗の横から肘木が出ていますが、その肘木は禅宗様肘木となっています。

柱の上にのる和様の肘木のあいだに禅宗様の肘木が入り、和様の肘木と禅宗様の肘木が交互に並んで、重めかしい、軽い、重めかしい、軽いと、明らかにリズムがあります。これが折衷様の特色です。折衷様式でないお堂は、同じ肘木が並んでいます。同じ鶴林寺でも太子堂や常行堂の肘木は全部和様で同じです。太子堂や常行堂は平安時代の建物ですから和様しかないのです。こういうことを知ると、興味を持ってお堂を見て楽しんでいただくことができるかと思います。ちなみに折衷様式初期の太山寺では、肘木は鶴林寺のように和様と禅宗様が交互に並んでいるのではなく、こちらはずっと和様の肘木、あちらはずっと禅宗様の肘木と、和様の建物と禅宗様の建物が二つドッキングしたようなものになっています。

❖本尊・薬師如来のはなし

本堂の御本尊は、天台宗の本山・比叡山延暦寺と同じ仏様をお招きしたもので、薬師如来（重要文化財）です。延暦寺は、日本の国土、世界の国土が平穏でありますようにと祈祷法要をする国家鎮護の寺です。鶴林寺も、明治時代になるまでは姫路の殿様から寺領をいただいて、そこからあがったお米によって経済が成り立っていましたので、姫路藩および播磨国が安穏でありますようにと祈ってきた寺だったことは間違いありません。ところが世の中が平和になってくると、薬師様に、自分の病気治癒や心の安穏など、個別のお願いをするようになります。私たちも現在は、国家の安穏や国土の安泰とともに、鶴林寺にお参りの方々の心身の健全も祈らせていただいています。

❖ 新薬師堂こぼればなし

新薬師堂には十五体の仏像をお祀りしています。

江戸時代の初め、津田三碩《つださんせき》という医者が大坂は今の北浜辺りにいました。大坂の大店の主人たちを診る医者だったようです。鶴林寺へしばしばお参りに来た三碩は、薬師如来様への厚い信仰を持っていました。ところが鶴林寺の御本尊薬師如来様は秘仏で、目の当たりに拝むことはできません。いつも扉の外から薬師様を一生懸命拝んでいたのです。そこで三碩は考えました。「私の患者である大店の主人たちに呼びかけて、見て拝むことのできる薬師様を鶴林寺に新たにお祀りさせていただこう」。そういう発願のもとで、鶴林寺の住職から許可をもらって、新たにお堂が建てられることとなりました。それが、いま鶴林寺境内の西端にある新薬師堂です。そしてそこに、丈六という、仏像で一番大きなサイズになる薬師様と、日光菩薩、月光菩薩、一メートル八十センチぐらいの十二神将像の、合わせて十五体の像を三碩を中心とするグループが寄進しました。とはいえ実質的には三碩が一人でされたようなものです。三碩の妻が亡くなったときには、その菩提を祈るために、月光菩薩の胎内に妻の歯と、飲んでいた薬を納入されました。

新薬師堂本尊

現在、本尊は岩に模した木片を積んだ座にすわっておられます。脇侍尊である日光菩薩と月光菩薩は、みかん箱のようなみすぼらしい台座にお立ちになっています。本来、ともに蓮花の台座でないといけないのです。実は新薬師堂が完成する間際、三碩は亡くなりました。最後の最後、台座をつくろうと思っていたところ、三碩が亡くなり、費用面でも日数的にも間に合わずにその時点で、新薬師堂の普請は打ち切りになって、完成とせざるを得なかったのでしょう。

津田三碩の思いの籠もった新薬師堂の十五体の仏像は江戸時代の作であり、今はなんの指定も受けていませんが、明らかに慶派の流れをくむ仏師たちがつくったすばらしい作品です。

❖鐘楼と鐘

折衷様式の本堂をつくった大工集団は何百人という規模で、長い期間逗留しながら建物を建て、鶴林寺のまわりに材木町や大工町を築いていたようです。鶴林寺の鐘楼は応永十四年（一四〇七）の建立で、本堂が建ってちょうど十年後ですから、十年間、棟梁たちはそこにいたということになります。

鐘楼《しょうろう》（重要文化財）は、袴腰《はかまごし》鐘楼です。建物の下半分が武士の袴のように末広がりの形になっています。袴腰鐘楼は小野の浄土寺、京都の神護寺や大徳寺や妙心寺、奈良の法隆寺など、結構たくさんあります。大きな鐘を吊すところはこうはなっていません。袴腰鐘楼の鐘はたいてい小さな鐘です。鶴林寺の場合、階段をあがっていって、撞くようになっています。

鐘も重要文化財の指定を受けています。高麗時代、朝鮮半島でできた鐘です。高麗鐘《こうらいしょう》の特色は、一つ目は龍頭から甬《よう》というものが出ていることです。二つ目は、普通は二つある撞座《つきざ》が一二〇度ごとに一つ、計三つあることです。三つ目は牡丹柄の帯文様があることです。

一つ目の特色の、甬というのは何でしょうか。鐘の上部に龍頭《りゅうず》があります。龍頭の龍の頭の反対側、尻尾にあたる部分に筒のようなものがあり、これが甬、日本名で旗指しと呼ばれるものです。筒の上部には穴があいています。そこにパチンコ玉ぐらいの玉をポンと投げ入れると、ヒューッと通って鐘の下にぽとんと落ちます。ということは通気孔のように穴が通じているということです。

そして高麗鐘の吊るし方は、日本の鐘とは違います。韓国・慶州の博物館に行ったときに、博物館の前にある鐘つき堂を見たことがあります。日本の鐘つき堂とは違い、鐘が地面すれすれの高さに吊るされ、鐘の真下の部分が掘り窪められています。ということは下から空気が抜け出ないということで、ゴンと撞くと、響きがウォンウォンウォンとのぼっていって甬から抜け出る仕組みとなっています。

梵鐘

ところが日本では、鶴林寺の鐘楼もそうですが高麗鐘は高いところに吊るされて、下から空気が抜け放題です。本来の高麗鐘の吊るし方ではない吊るし方をされているということでは少々かわいそうですが、それでも非常に美しい音色がします。日本の梵鐘というとゴーンと鳴るイメージがありますが、この鐘は小ぶりですので、コーンという高い澄んだきれいな音がします。

❖ 聖徳太子絵伝

鶴林寺の寺宝の一つに「聖徳太子絵伝」（重要文化財）があります。聖徳太子絵伝は『聖徳《しょうとく》太子伝暦《たいしでんりゃく》』という書物を基にしたもので、かなりの寺々にあります。ところが鶴林寺のような変わった聖徳太子絵伝は世の中にありません。何が変わっているかというと、全八幅のうち、聖徳太子が誕生するのが第三幅なのです。では第一幅、第二幅はどうなっているのでしょう。そこには長野県の善光寺ができた経緯の「善光寺如来縁起」が描かれているのです。「なぜ鶴林寺に残っているのか」と善光寺が残念がって言われます。第一幅、最初はお釈迦様が登場されます。ところがお釈迦様の横にいるのは月蓋《がつがい》長者という大変けちな金持ちです。この長者は、まわりの貧乏な人が貧者の一灯でお釈迦様に寄進していても素知らぬ顔をして寄進しません。しかし長者の娘が大病にかかり、娘の命には代えられないと長者はお釈迦様のところへ行って寄進を願い出ます。するとお釈迦様は、阿弥陀如来（別名無量光如来、無量寿如来）の信仰をもって阿弥陀如来をつくるがよい、と言います。月蓋長者は閻浮檀金《えんぶだごん》といわれるとても貴重な金を使って、阿弥陀様を制作しました。すると阿弥陀様は分身を生み出して二つに分かれ、そのうちの一つは月蓋長者のもとに留まり、もう一つはお釈迦様の教えを広めるために東へ向かって旅立ちます。第二幅、その分身の阿弥陀如来様が、朝鮮半島の百済国から日本へ贈られてきます。ところがまだ仏教が広まっていない日本では、日本の神様がお怒りになるとして、難波潟の堀江に捨てられてしまうのです。その捨てられた仏像を拾い上げた人物が本多善光《ほんだよしみつ》で、善光は東へ東へと仏像を運んで行き、信濃国の国司へと出世した善光が建てた寺が善光寺の始まりということです。

第三幅で聖徳太子が生まれます。善光寺如来は、一つの光背に阿弥陀如来と観音菩薩・勢至菩薩が一緒に入っていらっしゃる一光三尊像というものですが、そのうちの観音様が分身の僧の姿になって飛んできてお后の穴穂部皇女《あなほべのみこ》のお腹の中に入り、太子を身ごもります。観音の分身が化身となって現れたのが聖徳太子だと説こうとしているわけです。現に聖徳太子信仰のなかでは、太子は如意輪観音の化身であるという伝承をもって「おん　ばらだ　はんどめい　うん」という如意輪観音の御真言を聖徳太子に唱えることが全国の聖徳太子寺院で常になっていて、この絵伝で示そうとしていることと合致していると思われます。

❖聖観音像「あいたた観音」

こんな聖徳太子にまつわる信仰を持つ鶴林寺ですが、その影響で生まれたのが鶴林寺で最も有名な「あいたた観音」です。「あいたた観音」は俗称で、正式には金銅聖観音立像《こんどうしょうかんのんりゅうぞう》（重要文化財）といいます。表面だけ金を施し、内部は青銅でつくったものを金銅仏といいます。

観音様には大きく分けて聖観音と変化観音の二種類があります。変化観音は、十一面観音や千手観音、不空羂索観音、馬頭観音、如意輪観音など、人間ではあり得ないお姿をされたものです。それに対して聖観音は、人間と同じお姿をされています。

聖観音立像は鶴林寺の目録をみますと「愛太子《あいたいし》観世音菩薩」というのが言い慣わされた名前のようです。聖徳太子に愛された観世音菩薩なのか、愛すべき太子のお姿の観世音菩薩かは理解の分かれるところですが、この仏像ができたのは太子が亡くなってからしばらく経ってからのようですので、太子生前中にこの観音様を拝まれたというのは無理があるようです。ですから太子のお姿を模して太子のお心を仏様として表現したらこんな観音様になったとみるのが一番よろしいかと思います。ともかくやさしいお顔立ちと非常にきれいなプロポーションの仏様で、金銅仏として最高傑作中の傑作であります。

そして、愛太子観音があいたた観音と訛っていったのだろうと思うのですが、こんな伝説があります。泥棒が観音様を盗み出し、金を溶かして取ろうとしたが失敗します。腹立ちまぎれに槌で腰のあたりを叩いたところ、観音様が「あいたた」とおっしゃったように聞こえました。泥棒は罰当たりなことをしていたことを反省し、そっと元へ返しに来ましたが、今もってなお「あいたた」とおっしゃったときに曲げられたお腰が、このように少し曲がってお立ちなのです、という伝説です。

この伝説には、仏像史の流れを考えると、おもしろい部分があります。「あいたた観音」は、飛鳥仏と天平仏のあいだの時期にあたる白鳳時代の仏像と考えられています。直立不動であった飛鳥の仏様から、ぐいっと動きを出してくる天平の仏様の前の時代という仏像史の流れのなかにあって、少しだけ腰をひねってポーズをとられています。このちょっとだけ腰をひねられているのがいかにもなにかいわくありげに感じられて、この伝説を生んだのかもしれません。

あいたた観音

もう一つ、謎があります。このあいたた観音像は高さ八十センチ余りです。白鳳時代にできた八十センチを超えるような金銅仏には全部と言ってもいいぐらい中型《なかご》という空洞があります。銅を節約するためと、制作するにあたっての失敗をなくすことができるからです。ところがあいたた観音像は無垢像で、中型がないのです。非常に重く、七十キロほどあります。かつて泥棒に入られたことがあるのですが、泥棒すら重たくて置いていったという仏像です。そんな仏像ですが、なぜ中型がないのか、この理由の説明が私にはつきません。もしかしたら、中型をつくる技術がまだなかったのかもしれません。そうすると、法隆寺や鰐淵寺《がくえんじ》の白鳳仏よりも技術的には未熟ですがそのぶん古いということもあるのかもしれません。次の問題は、誰がつくったのかということです。この当時の仏師群というのは、止利仏師を中心とした仏師群に限られます。その人たちが一旦中型のある仏像をつくり出して以降は中型をつくるに決まっていますから、それをつくらないというのは別の仏師がいたということになります。どのように理解したらいいのか、それだけ大きな謎を持っている仏像なのです。

鶴林寺の宝物を紹介してきました。その魅力が少しでも伝われば幸いです。

「異形の城郭」
——姫路城私論

中元孝迪

❖ はじめに

今年は、明治三十年（一八九七）に「古社寺保存法」が公布されて百二十年になります。この法律の中で初めて「国宝」という文言が登場しています。ですから、日本で「国宝」という概念が出来上がって、今年で百二十年目ということになります。国宝制定の背景には、日清戦争に勝利した日本が、さらに国を挙げて国威を発揚するという意図も込めて「国の宝」という新たな概念を導入したといわれていますが、それはともかく節目の年に当たりますので、今回の公開講座を「播磨の国宝」としたわけです。

その後、昭和四年（一九二九）に「国宝保存法」が制定され、名古屋城に続いて、昭和六年に姫路城が国宝に指定されます。さらに戦後の昭和二十六年には、現在の文化財保護法が制定され、従来の国宝が一旦、すべて重要文化財となり、その中で特に重要なものがあらためて新しい「国宝」に指定されました。このとき、名古屋城は空襲で焼けていましたので、姫路城が唯一、城郭として国宝指定を受けています。

現在、国宝指定を受けている城郭は、姫路城をはじめ、松本城、犬山城、彦根城、松江城の有天守の五城と、天守を持たない二条城です。このほか、文化財として重要な価値を有する城

桜に浮かぶ姫路城

郭として、戦国―江戸期に造られ、築城当初の姿をとどめている城があります。弘前城、丸岡城、備中松山城、丸亀城、伊予松山城、宇和島城、高知城で、これに国宝の五城を合わせて、「現存天守十二城」と呼ばれ、いわば〝別格の城〟として文化財的な高い価値が認められているわけです。

これら別格の城の中においても、姫路城は突出した価値を持っているといっていいと考えられます。本日は「異形の城郭」という〝異形のタイトル〟をつけましたが、「姫路城が、どのように別格なのか」について話したいと思います。姫路城の自慢話をするのではなく、これまであまり語られなかった「突出した価値」について、私なりの考えを述べたいと思います。

❖ 独特の構造と特異な歴史

まず初めに、「異形」ということについて、歴史的側面と、構造的側面から見てみたいと思います。

播磨は、古来「大国の中の大国」と見なされてきました。大・中・小国は、面積、人口等の大小によって決まりますが、とりわけ播磨については、豊かな生産力を持ち大国の中でも最上位の国である一方、政権中枢つまり「畿内」に最も近い「畿外の国」という立地の良さも持っています。歴史的にみますと政権抗争は、おおむね畿内の政権中枢つまり時の政府と、畿外に展開する反政府勢力の衝突という形をとって現れます。いつの時代もそうでしょうが、西からの反政府勢力が畿内の政権中枢に攻め入るには、必ずといっていいほど播磨の地を通過しなければなりません。播磨を抑えることが、反政府勢力にとっての第一の目標になるわけです。一方の政権側は、反政府勢力が、首都圏つまり畿内へ突入するのを防がねばなりません。畿内に最も近接する播磨が第一の防衛ラインとなります。つまり、播磨というエリアは、反政府勢力にとっては政権奪取の最前線、また政権側にとっては政権防衛の最前線ということになります。この構図は、戦国期に典型的に表れていますが、他の時代でも、規模の大小はあるものの、類似の対立構図が数多く出現しています。

このようないわゆる地政学的な重要エリアには、双方からそれぞれの思惑を秘めた視線が注がれることとなり、殊に政権側は、必然的に強力な政治・軍事的拠点を置くことになるわけです。姫路城は、その象徴的な造営物となりますが、同時に、播磨・姫路が歴史的にみて、極めて重要な、他とは違う〝異形の地〟であることを物語っています。

こうした背景のもとで完成した姫路城ですが、いくつかの際立った特長を持っています。私たちは日々この城郭を見ていますので、お城とはこんなものだと思いがちですが、実は極端な特徴を持つ〝異形の城〟だと、私は思っています。五つほど、例を挙げてみます。

一点目。特異な連立式天守を有するほとんど唯一の城郭であること。

二点目。白漆喰総塗籠造りで、全国でも稀有な白い城郭であること。

三点目。大天守閣が上部ほど狭く高くなり、まれに見るスマートなスタイルであること。

四点目。西の丸の造営によって城地が拡大し特異な城郭構造が出現したこと。

五点目。建物群が重層的に重なり、他の城には見られない独特の城郭美が出現したこと。

以上、他城にはない姫路城の主な特色を挙げてみましたが、次に、このうち、連立式天守を中心に、西の丸に対する解釈等も交え、姫路城がいかに「異形」であるかについて検証してみたいと思います。

❖ 連立式天守の発祥と構造

「天守」というのは、「殿主」の転化と言われていますが、城郭の中心となる場所、建物を指します。時代を経るごとに変化を遂げ、様々な形態が現れます。この天守の形状について初めて分類したのが、建築・城郭研究者の大類伸です。彼は、この研究書の中で、四種類の天守をあげて分析しています。

これによりますと、日本の城郭における天守の形態として、まず天守が一基、単体で建つ「独立式」から始まり、続いて一基の大天守に接して一基の小天守が建つ「複合式」、さらに一基の大天守と一基の小天守が廊下でつながる「連結式」、そして一基の大天守と複数（三基）の小天守が廊下でつながる「連立式」があるという分析をして、「独立」―「複合」―「連結」―「連立」という分類が可能であるという説を打ち立てています。同時に、この形態の変化は、天守の歴史的な進化、発展を表していると主張しているのです。

その後、今日まで鳥羽弘毅、藤岡通夫、内藤昌らが、独自の天守分類を行っていますが、おおむね大類の分析が基礎となっており、後に、複合式から「変形複合式」に、また連結式から「変形連結式」という分類が派生するという説が登場しますが、これらの方式を経て、天守構造

天守分類

①独立式天守＝取り囲まれると“裸城”
②複合式天守＝正面防衛の充実
③連結式天守＝正面防衛の充実
④複合連結式天守＝正面及び側面の防衛
⑤連立式天守＝四方の防衛

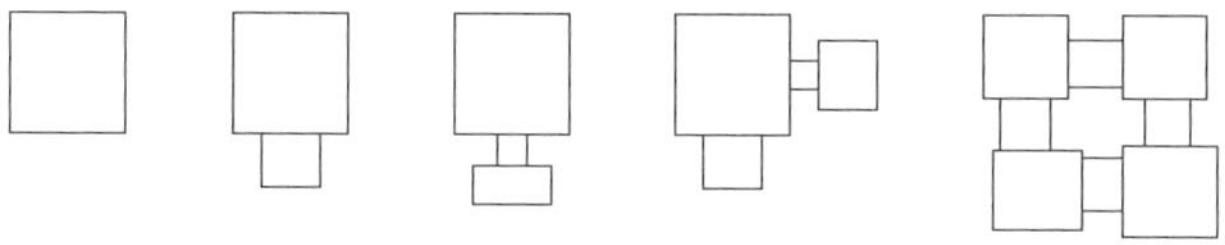

①　②　③　④　⑤

の最終形は、「連立式」であるという認識が定着します。

このような天守方式の変化は、天守の防衛、つまり城の防衛システムの変化、発展形としてとらえられています。まず「独立式天守」では、大天守本体が四方から敵に取り囲まれ、攻撃を受けることになりますから、そこが弱点となります。これを防ぐために登場するのが「複合式天守」「連結式天守」で、大天守の正面に小天守（櫓）を配し、大小天守をつなぐことで、正面からの攻撃を防ごうとします。さらにこうした小天守を、大天守正面と側面に付設し、またはそれぞれを廊下で結び、正面と重要側面の防備を強化するために造られたのが「複合連結式天守」です。そして、最後には、正面及び城の前後左右に目配りするように小天守（櫓）を配し、スキのない側面防備を施した〝完璧な天守台〟つまり、「連立式天守」が考案されて、天守台のスタイルは、ここに完成を見ることになります。

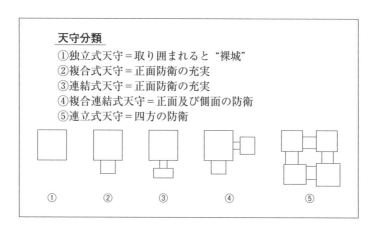

❖連立式天守の城郭―姫路城、松山城、和歌山城

それでは、天守のいわば〝完成形〟である連立式天守を持つ城郭は、現在いくつあるのでしょうか。天守の構造については、様々な見解がありますが、現存する日本の城の中で「連立式天守構造」を持つ城郭は一応、愛媛県松山市の伊予松山城（以下松山城）、和歌山県和歌山市の和歌山城そして、当地の姫路城の三城とされます。現存しませんが、慶長期の江戸城や奈良の高取城などが連立式天守を持った城といわれています。いずれも、築城当時の重要拠点に建てられており、高度の防衛機能を最優先して建てられた城郭で、「連立式」が、天守の発展形式上、最終段階の優れた構造であるかを物語っています。

これら連立天守を有する城郭のうち、現存の三城について、それぞれの城史を簡単に見てみましょう。

まず、姫路城。姫路市の中心部・姫山（標高四五・六メートル）山上にあります。慶長五年（一六〇〇）、関ケ原合戦の功績によって三河吉田（豊橋）から入封した池田輝政が、羽柴秀吉建立の三層天守を取り壊し、慶長六年から同十四年にかけて完成させたものです。少し歪んだ方形の天守台南東角に五層の大天守を置き、そこから左回りに東小天守、乾小天守、西小天守を配

して、それぞれを渡り廊下で結んだ典型的な連立式天守構造を持っています。大坂の豊臣氏と、反幕府勢力ともなりうる西の外様大名に睨みを利かす〝西国将軍の城〟として築かれたもので、創建当初の優美で堂々とした姿をほぼ完全にとどめ、天守群は国宝で、天守を中心にした城域が世界文化遺産に登録されています。

次に、松山城。松山市中心部の勝山（一三二・〇メートル）山上に築かれていますが、天守は、幕末までに三度の再建、修復を繰り返しています。初代の天守は、慶長七年（一六〇二）から寛永四年（一六二七）にかけて、賤ヶ岳七本槍の一人、加藤嘉明によって築かれたものです。ほぼ正方形の天守本壇北東角に五層の大天守、その南に小天守、そして北西角に北隅櫓、南西角に南隅櫓を配し、それぞれを渡り廊下でつないでいます。姫路城と類似した連立式の天守構造でしたが、寛永十九年（一六四二）、信濃から転封してきた松平定行が、なぜか五層の大天守を三層に建て直します。構造上の問題とか、幕府に遠慮したとか言われますが、この三層天守が二代目。しかしこの天守も後に火災で焼失し、ようやく幕末の弘化四年（一八四七）から安政元年（一八五四）にかけて再興されます。これが現在の姿で、三代目ということになります。〝瀬戸内の要衝〟として威容を誇り、国の重要文化財に指定されています。

最後の和歌山城です。和歌山市内中心部の虎伏山（四八・九メートル）山上に築かれています。現在の城は、昭和三十三年（一九五八）に鉄筋コンクリートで建てられたいわゆる復元天守で四代目です。初代は、関ケ原の功で入封した浅野幸長が建てたものです。長方形に近い台形をした天守基壇の南東角に三層の大天守を置き、その北に小天守、さらに北西角、南西角に櫓（小天守）を配しています。小天守、櫓はいずれも二層で各棟は渡り廊下で結ばれ、連立式天守を構成しています。その後、元和五年（一六一九）、徳川頼宣が入城し、御三家の一つとして相応しい姿に改築し、これが二代目となりますが、以後、何度かの火災で焼失し、嘉永三年（一八五〇）、あらためて再建天守が完成します。これが三代目ですが、昭和二十年（一九四五）、米軍の空襲で焼失。昭和三十三年、旧の設計図面どおり忠実に鉄筋コンクリートで復元。これが現在みられる四代目の和歌山城です。浅野幸長が〝南海の鎮〟として建立した天守基壇の威厳を持った連立構造はそのままですが、姫路、松山城とは建築時期等、文化財としての趣を異にしています。

❖「立体・一体感」際立つ姫路城―連立式三城に大きな差異

現存する連立式天守構造の三城を見てきましたが、同じ連立といっても、三城それぞれの天守台（本壇、基壇）の形状、櫓の規模や配置などに相当の差異があるのです。三城の写真、天守台平面図で、その違いを見てください。

連立式天守３城の外観　　　　３城の天守台平面図

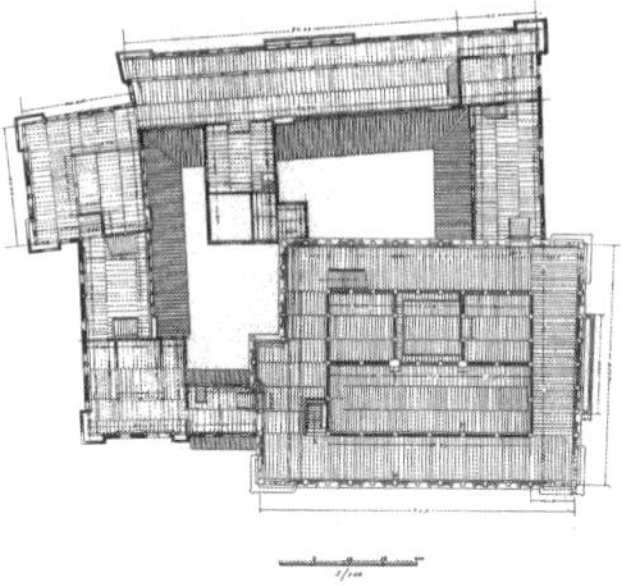

姫路城

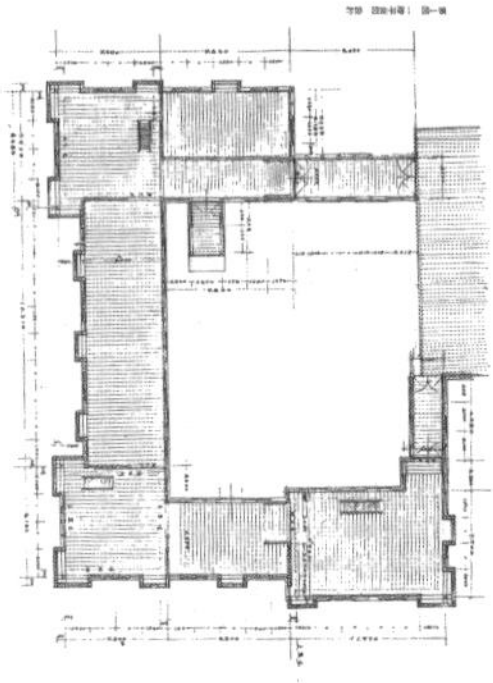

松山城

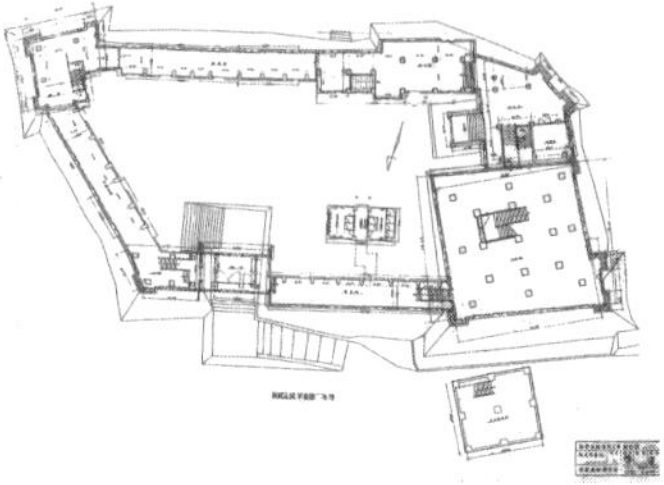

和歌山城

まず三城の外観写真を比べてみますと、同じ連立式といいますが、こんなにも違っているのです。大まかに言いますと、姫路城の大・小天守は、極端な凹凸感を持ち、いわば寄り添うようにして立体的で一体感がありますが、松山、和歌山城では、凹凸感はなく、散漫に並立しているように見えます。ことに和歌山城は、大天守、小天守（櫓）の位置が大きく離れています。このことが、天守群全体の一体感を著しく欠くことになっているのです。

次に、平面図を見てください。天守群の建つエリアは、姫路城では「天守台」、松山城は「本壇」、和歌山城は「基壇」と呼ばれていますが、和歌山城の基壇が突出して変形していることが分かります。姫路城天守台、松山城本壇が、ほぼ同規模の正方であるのに対し、和歌山城基壇は、台形に近い形となっています。しかも、左右（東西）の幅が両城の二倍以上（別図は50パーセント程度縮小しています）もあります。基壇の一体感を著しく欠くのは、外観からもわかりますが、平面図からも、はっきり確認できましょう。

姫路城天守台と松山城本壇の平面図は、よく似ていますが、櫓、廊下で囲まれた中庭の形状が大きく違っていることが分かります。大天守の位置、規模の違いと、姫路城中庭には、別棟の台所櫓と大天守の北西スペースが大きく食い込んで建てられていることによるものですが、それが、凹凸状況や天守群の一体化といった外観の差異に大きく影響しているのです。

こうした違いがあるにもかかわらず、これらの三城が、同じ連立式であると分類されるのは、従来の「平面図による分類方式」が、今なおまかり通っているからにほかなりません。平面図による分類を見直さなければならないと、私は考えていますが、そうした観点から今回、姫路城の連立式天守についての特色を分析してみようと思います。

❖櫓の「近接・密集度」姫路城が突出—現存連立式天守三城のデータ比較

姫路、松山、和歌山三城の連立式天守が、どう違うのか、三つのポイントから検証してみましょう。一点目が、大天守と小天守（櫓、以下同じ）のスケール（高さ、面積）比較。二点目は、大・小天守建物間の距離比較。三点目は、一般観光客が城郭を見上げる仰角比較—この三点です。これは、平面図だけでは全く分からない城郭の「立ち姿」を、見学者の目線で浮かび上がらせようとするものです。それぞれの比較は別表に掲げたとおりですが、これらをまとめると、次のようになります（なおこのデータは、各城郭を管理する自治体の発行した調査報告書等の建造物縮小図面をベースに私が算定したものです。厳密な測定によるものではありませんが、比較検討データとして適切であると考えています）。

①大天守、小天守のスケール比較（「表1」）

【小天守の大天守に対する高さ割合】

表１　大・小天守のスケール比較（高さと１階面積）

	姫路城	松山城	和歌山城
大天守	31.5 m (1.0)	15.9 m (1.0)	21.3 m (1.0)
小天守	15.3 〜 13.1 m (0.4)	10.2 〜 9.2 m (0.6)	12.4 〜 10.2 m (0.5)
大・小天守の一階面積比	大　516 m^2（1） 小　59 m^2（0.1）	大　267 m^2（1） 小　75 m^2（0.3）	大　460 m^2（1） 小　93 m^2（0.2）

姫路城＝小天守の高さ平均値は大天守の四割（小天守は大天守の半分にも満たない）
松山城＝同、六割（小天守は大天守の半分以上の高さである）
和歌山城＝同、約五割（小天守は大天守の半分の高さを保つ）

【大天守と小天守の一階面積比率】
姫路城＝大天守一対小天守〇・一（大天守は小天守の一〇倍）
松山城＝一対〇・三（同、三・三倍）
和歌山城＝一対〇・二（同、五倍）

大天守と小天守の大きさを比べてみると、姫路城が高さ、面積ともに突出して大きな差異を生じています。大・小間にさほど大きな差がない松山、和歌山に比べ、姫路城は四棟の凹凸感が明瞭に表れていることが分かります。

②大天守・小天守間の距離比較（「表２」）

表２　大・小天守間の距離比較

大天守と対角線上櫓の各中心点間の距離
姫路城＝ 33.3m。ほどよく視覚におさまる
松山城＝ 37.8m。姫路とほぼ同じだが、少し間隔が広くなる
和歌山城＝ 72.0m。極端に離れ、視覚におさまりきれない

大天守と対角線上櫓の各軒先間距離
姫路城＝ 12.4m。大天守が中庭に食い込み、両者が近接
松山城＝ 20.6m。各櫓の中庭への食い込みがない。接近感乏しい
和歌山城＝ 50.4m。各櫓は遠く離れた存在に

４棟（櫓）間の平均距離
姫路城＝ 11.1m ▼松山城＝ 14.1m ▼和歌山城＝ 35.3m。

【大天守と対角線上櫓の各中心点間の距離】
姫路城＝三三・三メートル（ほどよく視覚におさまる）
松山城＝三七・八メートル（姫路とほぼ同じだが、少し間隔が広くなる）
和歌山城＝七二・〇メートル（極端に離れ、視覚におさまりきらない）

【大天守と対角線上櫓の各軒先間距離】
姫路城＝一二・四メートル（大天守が中庭に食い込み、両者が接近している）
松山城＝二〇・六メートル（各櫓の中庭への食い込みが無く、接近感に乏しい）
和歌山城＝五〇・四メートル（各櫓が個別に建つ感じで、遠く離れた存在に見える）

【四棟（櫓）間の平均距離】
姫路城＝一一・一メートル▼松山城＝一四・一メートル▼和歌山城＝三五・三メートル

表３　城影を見上げる仰角

	姫路城	松山城	和歌山城
城山の標高	姫山 45.6m	勝山 132.0m	虎伏山 48.9m
山裾の標高	14.8m	20.4m	8.7m
城影と目線の高低差	30.8m	111.6m	40.2m

以上のデータは、天守台（基壇、本壇）上にある建物間の距離を求めることで、大・小天守の近接度、密集度、つまり〝まとまり具合〟を見ようというものです。これは、天守台を外から見た場合、大・小天守四棟が、それぞれ個別に見えるか、一つのものとして見えるか、という視覚の問題につながります。姫路城は、密集度が群を抜いて高いうえ、大・小天守の高低差が大きく、見事な一体感と凹凸感をもって視覚に飛び込んでくる訳です。松山城は、平面図ではほとんど姫路城と同じ城郭に見えますが、外観比較をすると全く違います。極端に言えば、松山城は同じような規模の四つの天守が並立して建っているように見えるのです。和歌山城は、四つの天守（櫓）が個々別々に建つ感じがぬぐえず、大・小天守の一体感、凹凸感、密集度といった概念はあてはまらないようです。

③城影を見上げる「仰角」比較（「表３」）

「表３」をご覧ください。三城が建つそれぞれの山、すなわち姫路城の姫山、松山城の勝山、和歌山城の虎伏山の標高と、各城を見上げる第一のポジションとなる山裾の標高を、各市の防災マップによって確認して、その「目線」の高低差を算出したものです。姫路城は、一般目線つまり観光客の目では三〇・八《メートル》上の山頂に城影を確認します。和歌山城では、四〇・二《メートル》、松山城では一一一・六《メートル》の高みに城影を認識することになります。同じ城郭でも、三〇《メートル》下から見るのと、四〇《メートル》、一一一《メートル》下から仰ぎ見るのとでは、城影は大きく違った形で目に映るはずです。このことが、一般的なお城のスタイルを決定づける大きな要因となってくるのです。とりわけ連立式城郭においては、城影認識に大きな差異を生じる結果となります。天守群の密集度、凹凸感、一体感が最も明確に認識されるのは、姫路城であるということがお分かりいただけると思います。

❖姫路城は特異な「集中型・林立式連立」

三城のデータについてあらためてまとめてみますと、同じ連立式天守といっても、その形状には大きな差があることがはっきりとわかります。「連立式天守」によって形成される中庭の違いをはじめ、「連立」を構成する大・小天守相互の高さの違い、同じく大・小天守の各床面積の違い、大・小天守間の距離の違いなどによって、その形状に大きな差を生じさせているのです。三城の特性をもう一度みてみましょう。

まず、和歌山城。大・小天守の高低差が少なく、各櫓間の距離が最大五〇メートルも離れています。天守台（基壇）の統一性が希薄で櫓が個別に建つイメージです。これを「分散型連立」と呼んでみたいと思います。

松山城は、大・小天守の高低差、ボリューム差が小さく、各櫓間の距離は比較的近い。天守台（本壇）は統一的だが、同規模の櫓が並んでいるイメージが強く、「並立型連立」と呼ぶこととします。

この二城に対し姫路城は、大・小天守の高低差、ボリューム差が最も大きく、しかも、大・小天守間の距離が最小で軒を接するように近接しています。高低差、大小差の著しい四棟が密集、林立、一体化しているイメージが強く、これを「集中型連立」と名付けたいと思います。

こうしてみますと、これら三城は明らかに、似て非なる城郭ということができると思います。それを、ひとくくりに「連立式」としてきたのは、ひとえに平面図をベースに分類してきたからにほかなりません。これが「従来型の連立概念」であると言えます。いわば、設計図による「平面的連立」であったわけです。しかし、この分類方法だと、大きな矛盾が生じるのです。同じ「連立式天守を持つ城郭」といっても、その形状が著しく違って見えることから生じる問題です。城の観光ブームの中で、内外の一般観光客らの目に映る〝連立式城郭〟が、一様でないという疑問に答えることができません。

例えば、連立式天守の城として、姫路城と和歌山城が紹介されたとしましょう。同じような城郭だと思っていたところ、まったく違う城影が出現し戸惑うことに対する説明がつきません。そこで、新しい視点が必要になってきます。「新しい連立概念」として、従来の「平面概念」を超えて、ここに、外観を加味した「立体的連立」という観点を導入したいと思います。

従来の「連立分類」を見直し、より細かく「分散型連立」「並立型連立」「集中型連立」という三つの類型を提示して、「集中型」とした姫路城の特異性について分析してきましたが、これに加えて、「平面的連立」と「立体的連立」という新しい連立概念を導入することになれば、「姫路城の連立」は別のカテゴリーに入れる必要があります。それは、同じ連立でも、姫路城は、密集度、一体感、凹凸感が際立ち、複数の高層建築が競うように林立する、いわば「林立式」と呼ぶことのできる、他に類を見ない天守台として再認識するべき存在となります。大天守閣と、三つの小天守、それらをつなぐ四つの渡り廊下、すなわち「天守台」そのものが、いち早く国宝に指定された理由もそこにあるはずです。

❖「天守台」としての西の丸

次に、「西の丸」について考えてみたいと思います。「天守台としての西の丸」という中タイトルを付けました。少し大げさすぎるきらいもありますが、そう呼べるほどの空間が広がっている、と私は考えています。同時に、櫓、石垣、門などのたたずまい、さらには建造経緯等を踏まえますと、ここは「一城」といってもいいのではないかと思うのです。

①「西の丸」—政治的な増築経緯

建造経緯から見てみましょう。元和三年（一六一七）、本多忠政が、嫡男忠刻とともに桑名から姫路に入封します。忠刻の正室は徳川家康の孫娘・千姫ですが、幕府は彼女に一〇万石という異例の「化粧料」を与えます。姫路本多家の石高は、二五万石ですが、内訳は当主忠政が一五万石、これに千姫の化粧料一〇万石が加算されているのです。つまり、嫡男の忠刻は、一〇万石の城持ち大名並みの扱いになったわけです。

こうした経緯を背景に、当主の忠政は、姫路城全体の再整備に乗り出します。池田輝政の築いた天守と多くの櫓などは、当然、防御を第一に設計され配置していますが、一つ大きな欠陥がありました。それは、西からの攻めに弱点があるということでした。輝政の姫路城の西面は、内、中、外堀が並列して整備され、城外では三重バリアを築いているものの、城内では、何らかの建造物があったようですが、櫓等の本格的な防御施設は確認されておらず、いわば〝丸腰〟に近い状況でした。そこで忠政は、入封翌年、本丸のある姫山の西に連なる通称鷺山の山上を削平して〝砦〟の建設を計画、ここに忠刻と千姫を住まわせることとしたのです。当時の幕府は、諸大名に対し城郭の造営制限をしており、新築はむろんのこと、修復、増築などにも厳しく対処していたのですが「千姫案件」となると、規制緩和も望めましょう。

忠政のそんな思惑通りになったのでしょうか、幕府は老中の連署をもって姫路城西面の多門築造に同意します。しかし、この計画は、単に西方防御のためだけでないことは明らかです。実は、角地には二層の隅櫓を複数建て、それらを長局、渡り廊下をともなった多門櫓や土塀で東西南北を囲み、広い「中庭」と南北二つの城門を備えた広大な城郭空間を造り上げようとしたのです。忠政の計画通り、姫路城増築工事が完成します。これが現在の「西の丸」ですが、広さは、輝政の造った天守群の建つ本丸とほぼ同じです。

本丸には、城主の居館である「備前丸」が建っていましたが、西の丸の中庭には、通称「中書丸」が建ちます。「中書」というのは、忠刻の官職名「中務大輔」の中国名で、それにちなんだ館名です。ここに、忠刻と千姫が住むことになります。千姫の新居ということを前面に打ち出し、城の増築問題を処理し、完遂したのです。幕府の記録には「(姫路・本多の)居城改めて築く」とあります。「西の丸」について「(千姫の嫁ぎ先である) 大名の居城」と同じ扱いをしていると考えていいでしょう。

②多門櫓などで連なる空間

「西の丸」の実際の形状を見てみましょう。鷺山を削平した台地の北東隅には、千姫が使ったといわれる、やや規模の大きな二重の櫓―通称「化粧櫓」があります。ここから西、南、東へ向かって多門櫓と隅櫓が連なっています。

化粧櫓から左回りに
「カの渡櫓」―「ヌの櫓」―「ヨの渡櫓」―「ルの渡櫓」―「タの渡櫓」―「ヲの櫓」―(崩壊した渡櫓―同隅櫓)―「レの渡櫓」―「ワの櫓」―「ワの櫓東方土塀」―「カの櫓」
と、続いています。

姫路城西の丸全景

さらに、「カの櫓」から北に向かって菱の門につながる「カの櫓北方土塀」、続いて「い」「ろ」の門へとつながる「ろの門西南方土塀」が築造され、西の丸全体を隙間なくガードしています。加えて、二つの東側土塀の北辺には、それぞれ厳重な構えの門が建てられました。いまは門の礎石が残るのみですが、「西の丸」へは、この門をくぐらなければ入ることができなかったのです。本丸には、天守への侵入を拒むように備前門が立ちはだかっていますが、ここ西の丸にも、本丸同様の門が睨みを利かせ、厳重な独立空間を形成しています。

③天守台と類似の構造

次に、西の丸平面図を見てみましょう。南と東のサイドは土塀ですが、北から西、南にかけて隅櫓同士が渡り廊下（多門櫓）でつながり、それぞれが「中庭」を取り巻くように展開しているのが分かります。渡り廊下が変則曲線であるうえ、中庭が大きすぎるきらいはありますが、この造りは連立式天守の構造と類似しているといえます。少し乱暴かもしれませんが、これは和歌山城基壇の構造と通じるものがあるといえないでしょうか。

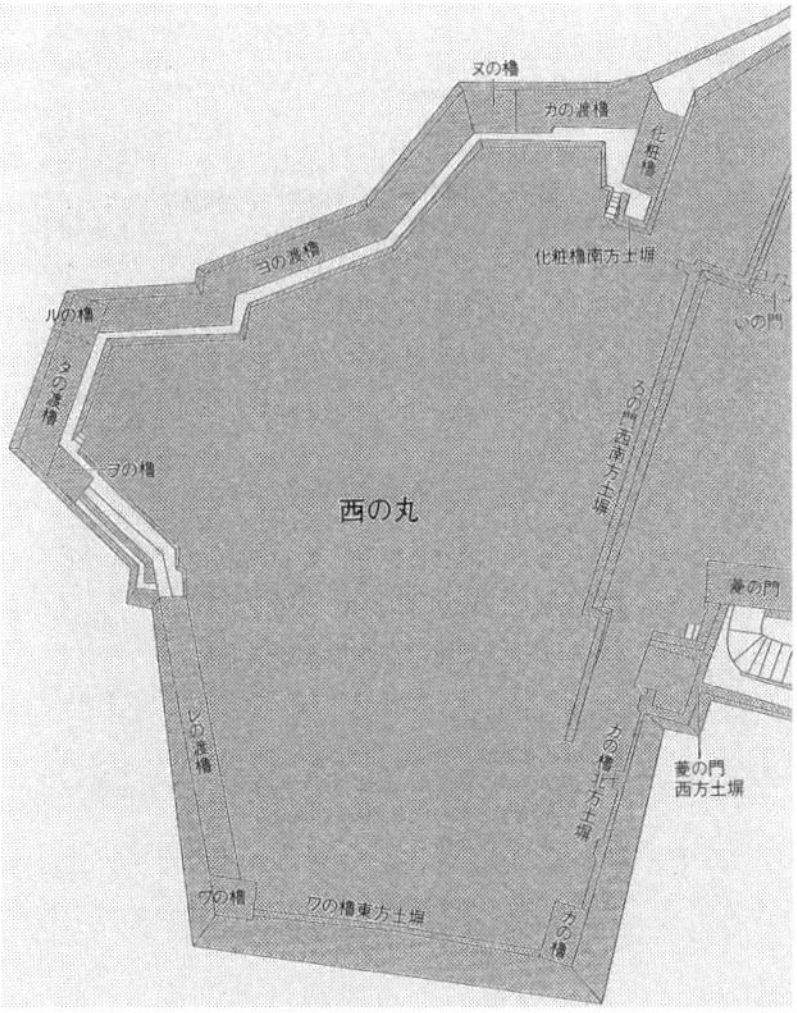

西の丸平面図

西の丸には、「化粧櫓」をはじめ、崩壊したものも含め七つの櫓が建っていました。いずれも二層、二階建てで、松山城の隅櫓、小天守並みの規模を持っています。このうち、「化粧櫓」の規模が最も大きく、床の間など

西の丸南面の高石垣上に建つワ（左）、カの櫓

も作られています。千姫が、病弱な夫・忠刻の病気平癒を願って、ここから窓越しに男山の天満宮を拝んだとの伝えもありますが、西の丸では特別な櫓として認識されています。また、南東角の「カの櫓」は、一階と二階の広さが同じという特異な構造を持っています。この二つの櫓を、いわゆる「天守相当」と位置付けてみたいと思います。

また、これら櫓の一角、それをつなぐ渡り廊下の西側には、内堀上の崖を上ってくる敵を撃ち落とす「石落とし」が多数設置されています。本丸をしのぐほどの防御態勢が読み取れましょう。千姫付きの女官が住んだといわれ、優雅なイメージがある西の丸ですが、実際は、大変厳しい砦であるということができます。〝最後の砦〟という連立式天守の持つ役割、構造に近い姿に通じるところがあります。

もう一つ注目したいのは、西の丸南面に積み上げられた巨大な石垣です。城内最大の石垣ですが、その東角には先ほど「天守相当」と紹介した「カの櫓」が、西の角には「ワの櫓」が乗っています。下から見上げますと、大城郭のたたずまい、風格すら見せています。巨大な石垣の東西に櫓を立ち上げた城郭としては、近郷では明石城があります。明石城は天守閣のないお城と言われておりますが、一方で、この東西の櫓が天守であるとの説も有力です。天守閣の新造を禁じた幕府の命を守りつつ、有天守城郭としての体裁を整えようとして造り上げた苦心の作城なのだとも言われています。西の丸南面は、これとそっくりです。明石城は、本多忠政の姫路入封と同時に明石に入った忠政の娘婿・小笠原忠真の築城になるもので、両城の濃厚な縁を感じずにはおれません。

④〝一〇万石の城郭〟

以上、西の丸の特色について私見を述べてきました。まとめてみますと、まず①姫路城で手薄になっていた西の守りを強化するための〝砦〟である②城郭新造制限がある中、家康の孫娘で忠刻の正室千姫のためという意味合いを前面に掲げ建造した③松山城本壇並みの特別な隅櫓を配置している④そしてこれらを渡り櫓、土塀等で囲み、中庭を形成して和歌山城基壇を拡大したような連立式天守並みの構造に仕上げている⑤南面する二棟の隅櫓と高い石垣を見ると、明石城並みの構造を有した「お城」と呼ぶこともできる――。

このような点を踏まえて、西の丸について再考してみますと、これは単なる姫路城の「出丸」ではなく、「天守台」と呼んでもいいのではないかと考えます。西の丸を天守台と位置付けることができれば、その〝城主〟は、本多の当主・忠政なのでしょうが、繰り返し述べたとおり、忠政が「居館は千姫のため」と画策したのであるなら、千姫、というより、極言すれば、そこに同居する夫の忠刻が〝城主〟である、といえましょう。千姫の化粧料一〇万石の格で造営されたこの西の丸は、「一〇万石の大名・本多忠刻の城郭」と言っていいと思います。明石の小笠原忠真が一〇万石であったことを考えると、この西の丸は、明石藩と同等の石高を有する大大名の居城と言い替えることもできましょう。二つの城郭、つまり二つの天守台を持つ姫路城は、やはり、異形の城郭なのです。

⑤シラサギの飛翔

この「西の丸」が完成したことにより、姫路城の外見は大きく変化します。桜門、桐二門、太鼓櫓などで構成された「大手」から東へ、帯櫓、そして巨大な大天守閣を有する連立式の天守台、さらに新たな化粧櫓を起点に西側に延びる西の丸の多門櫓群…。城域の拡大により、姫路城の外観は、よりスケールを増していきます。姫路城が「シラサギ城」と呼ばれるのはいつのころからか特定はできませんが、恐らく、その白さゆえ建造後そう遅くはない時期からの異称かと思いますが、今言われている「シラサギが羽を広げて飛んでいるようだ」と形容される呼称は、この「西の丸」が完成した後のことでしょう。例えば、城北の広峰、増位山からの眺望は、天守群を胴部に、西の丸を広げた翼に見立て、まさにシラサギの飛翔を思い起こさせる姿といえましょう。この姿が、詩人、歌人の想像力を掻き立てているのです。「西の丸」によって、姫路城の〝異質の美〟が増幅されたといっていいかと思います。

❖特異な縄張り

続いて、姫路城の特異な縄張りについてみてみましょう。ご承知のように、姫路城はいわゆる「螺旋の縄張り」と呼ばれています。

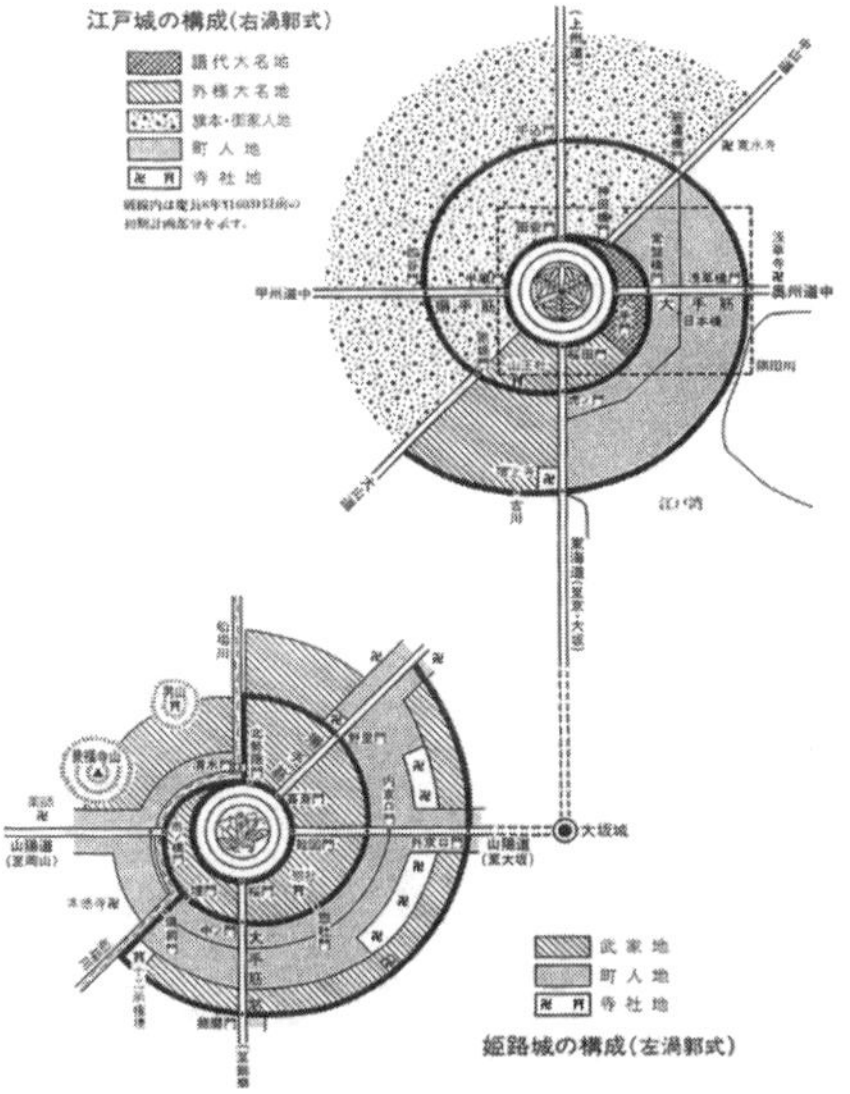

江戸城、姫路城「螺旋の縄張り」図
（『姫路市史』14巻）

縄張りとは、いわば設計図です。城郭中枢の本丸と、それに付随する二の丸、三の丸、をどのように配置するかによって構図が違ってきます。通常、基本形として①環郭式②連郭式③梯郭式④渦郭式などという分類方法があります。環郭式は本丸を真ん中にしてそれを二、三の丸が囲んでいます。連郭式は、本丸の前に二の丸、三の丸が縦につながります。梯郭式は本丸を、二の丸、三の丸が角ばったU字状に囲んだものをいいます。渦郭式は、本丸中心に二の丸、三の丸が渦巻き状に取り囲んだ構図を指し、「螺旋の縄張り」とも呼ばれます。これは、城内だけでなく、堀で仕切られた城下を包含した縄張りをも指して、本来的な意味での都市設計ということができましょう。この場合、内堀で囲まれた部分を内曲輪、内堀と中堀の間を中曲輪、中堀と外堀の間を外曲輪と称し、内曲輪には城郭本体、中曲輪は武家屋敷、外曲輪は町人町が、原則として入ります。姫路城は、この渦郭式に相当します。

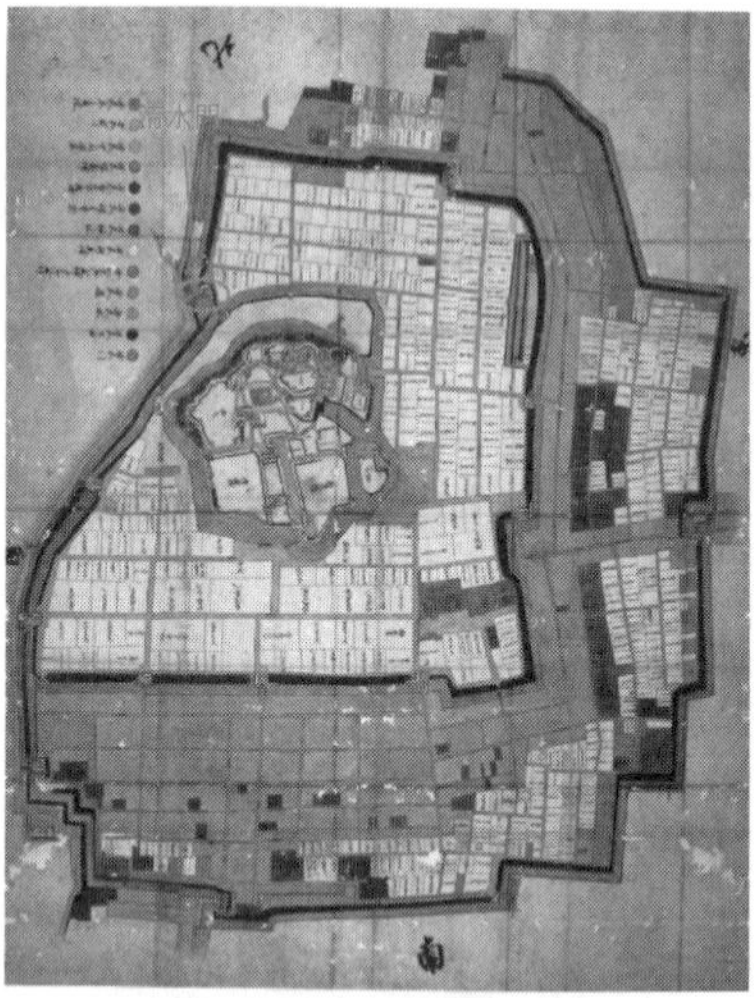
姫路侍屋敷図「姫路城絵図集（姫路市立城郭研究室　編）より」

姫路城下絵図

姫路城の地図、絵図、あるいは航空写真を見ますと一目瞭然です。城の北東角を起点に、左巻きの渦状に堀が掘られ、内堀、中堀、外堀と連なり、内、中、外曲輪が明確に区分されている様子がはっきりとわかります。こうした都市設計、城郭の縄張りは、大変珍しい方式とされます。全国的には、姫路城と江戸城だけなのですが、なぜか、螺旋の方向が全く逆になっているのです。姫路城は左巻き、江戸城は真逆の右回りの螺旋なのです。

ちなみに、江戸城の天守は、最近発見された「江戸始図」によりますと、姫路城と類似の連立式天守であったことが判明しました。両城とも、当時は珍しい「白い城」であったことはすでに分かっておりますが、このように、慶長十一年（一六〇六）に江戸で、同一四年に姫路で、呼応して同類の城郭が建ち上がったのには、何か特別な理由、背景があるはずです。

このことについて『姫路市史』は、こんな分析をしています。堀は「徳川政権の政治の気運」を表しており、渦の先端が江戸から西へ、姫路からは東へ延びていると見て、各先端が反徳川の拠点になりうる豊臣氏の居城・大坂城を向いて監視している構図だ、というのです。確かに、姫路と江戸で、大坂を封じ込めるという構図ですが、同時に私は、これらの渦が政治の気運であるなら、大坂とともに、姫路からは西国の、江戸からは東北の、それぞれ外様大名にも向けられているのではないかと考えています。全国の「反幕府の動き」に神経をとがらせ、江戸と姫路の「二眼レフ構造」で、幕藩体制を強化、徹底させ、全国統治を完成させようとしているという読みも可能かと思います。

江戸初期における統治構造の一方を担う役割を持った姫路城の存在意義は、予想外に大きかったと言えます。政治的にも異形の城なのではないでしょうか。

❖江戸期最多の城主数

こうした〝政治性〟にからんで、最後に、江戸期の姫路城主の数について考えてみたいと思います。関ケ原合戦時から幕末までの全国各藩の藩主（城主）数については、藩ごとの数字はある程度まとまったものがありますが、それらの比較となるとあまりありません。二〇一一年の「播磨学特別講座」で、その概要をまとめたことがありましたので、それをもとにお話しさせていただきます。

姫路城の城主は、三十三人、群を抜いて全国トップです。別表は、『姫路市史』の記した歴代城主で、三十一人ですが、私は、榊原政房の後継で、幼少を理由に即転封させられた政倫を加えるべきと考えて一人増やし、さらに関ケ原当時の城主、木下家定を加えています。関ケ原合戦後も同じ城主が続投した藩もあるため、比較する際にカウントの起点を関ケ原合戦時とするのが妥当と判断したからで、そうすると三十三人。極端に多いのです。

関ケ原から幕末まで続いた藩は、全国で百五十余藩あります。平均しますと、一藩当たりの城主は十六・〇一人となります。江戸幕府の将軍が十五人ですから、ほぼ妥当な数字かと思いますが、これをみても、姫路の城主数が群を抜いて多いことが分かりましょう。二位の古河を

表４　姫路城主一覧（『姫路市史』14 巻）

江戸期姫路城の歴代城主

・池田輝政　1600	・本多忠国　1682	・酒井忠宝　1844
・　利隆　1613	・　忠孝　1704（最短）	・　忠顕　1853
・　光政　1616	・榊原政邦　1704	・　忠績　1860
・本多忠政　1617	・　政祐　1726	・　忠惇　1867
・　政朝　1631	・　政岑　1732	・　忠邦　1868
・　政勝　1638	・　政永　1741	－1871
・松平忠明　1639（奥平）	・松平明矩　1741（結城）	
・　忠弘　1644	・　朝矩　1748	
・松平直基　1648（結城）	・酒井忠恭　1749	
・　直矩　1648	・　忠以　1772	
・榊原忠次　1649	・　忠道　1790（最長）	
・　政房　1665	・　忠実　1814	
・松平直矩　1667（結城）	・　忠学　1835	

（注）今回の城主人数については、輝政前任の木下琴定と、榊原政房後継で３歳の政倫を加え 33 人とした

「家別」の変遷

①木下―②池田
―③本多―④松平（奥平）
―⑤松平（結城）―⑥榊原
―⑦松平（結城）―⑧本多
―⑨榊原―⑩松平（結城）
―⑪酒井
本多＝２回。松平（結城）＝３回。榊原＝２回

表５　全国各藩城主数ランキング（関ケ原合戦時―幕末）

① 33 人　姫路	少数藩
② 28 人　古河	① 10 人　高鍋
③ 27 人　掛川	② 11 人　今治、宇和島、宍戸、皆川
④ 25 人　岩槻	⑥ 12 人　秋田など 20
⑤ 24 人　浜松	
⑥ 23 人　松本、亀山、亀岡	
⑨ 22 人　山形、宇都宮、沼田、笠間、関宿、佐倉、吉田	

五人も上回っています。最少の高鍋藩の実に三倍強もの城主が、姫路に入れ代わり立ち代わり入ってきたことになります。

城主人数の多い藩には理由があります。江戸幕府、すなわち政権にとって重要な藩であるということです。別表でみますと、例えば古河、岩槻、宇都宮などは幕府の北の要衝で、幕閣の有力大名の赴任地となっており、要職に就いた者の多くが次々と入転封を繰り返しています。掛川、浜松などは、徳川家ゆかりの三河武士の根拠地で、誇り高き藩として若手の〝修行地〟としたことなどが、多くの城主を生んだ背景にあります。当然、ささいな失政でも、すぐに交代です。

姫路城主は、西の要衝で、北の山形などとともに遠隔地における最重要ポストでした。しかも、豊かな実りに裏付けされて経済的利益にも恵まれており、多くの有力大名が競って入封を求めていたようです。むろん失政を問われた城主もいます。加えて、姫路では、城主の戦闘能力も重視されています。本多家などでは、「馬の乗降ができぬ者は姫路の城主は務まらぬ」と、返上まで口にしています。このため、姫路では当主が早世し、後継者が幼少である場合には、すぐに転封という厳しい〝慣例〟が生まれ、実に八人もの幼少・若年城主が強制転封させられています。城主数が多くなるはずです。

このように入転封を繰り返す姫路城には、徳川四天王系列の有力城主が何度も入れ代わりながら入ってきます。本多家が二度、結城松平家が三度、榊原家が二度、中には、幼少期と青年期の二度にわたって同じ姫路城主を務めた者もいます。こんな城は、ほかに見当たりません。異形というか、政治的に〝異常〟な城といえます。

❖まとめ

姫路城の特異性について、様々な側面から考察してきました。きょうは、国宝という観点から姫路城にアプローチしてきたのですが、まず、構造的側面からは、姫路城は、唯一の「立体的連立天守＝林立式天守」を有する城郭であり、また、本丸、西の丸という〝ダブル天守台〟とでもいえる構造を持つ無二の城郭として、その価値を新たに見直す必要があること。また、美的側面からは、白色の美しさ、連立の美、均整の取れたスタイル、重層的な建物配置、西の丸造営による美的スケールが拡大したことなどについても私見を述べてきました。

また、国宝としての価値は、単に城郭や構造そのもの、つまり今あるハードの要素のみによって決定づけられるものではなく、それらを取り巻くソフトの側面からも検証する必要があるとの観点から、歴史的、政治的背景等についてもお話しさせていただきました。

こうしたことを、総合的に分析することで、姫路城の国宝としての文化財的価値が、さらに高まるであろうことを願いながら、終わりたいと思います。ご清聴ありがとうございました。

（文中表記のものも含め多くの文献を参考にさせていただきましたが、一般講演録であるため、参考文献の一括表示は省略させていただきました）

特別寄稿

朝光寺と一乗寺

田中康弘

雄大な折衷様式——朝光寺本堂

❖ 朝光寺のはじまり

白雉二年（六五一）、法華山一乗寺（加西市）に住まわれていた法道仙人は、毎朝、東方の峰に現れる天を衝く瑞光をご覧になり、これを追うとこの地にたどり着いた。そして山中に入ると霊木を見つけ、この霊木で千手十一面観世音菩薩像を自らの手で彫り本尊として起ったのが当寺のはじまりとされる。法道仙人とはインドの仙人で、中国・朝鮮半島を経由して、六〜七世紀頃、日本へと渡ってきたとされる。播磨国一帯には、法道仙人を開山・開基とする山岳寺院が数多く遺る。時の天皇、孝徳天皇は、法道仙人の徳を慕い、伽藍の整備を行った。そして、この地を鹿野山と名付け、霊木が光を放ち法道仙人を導いたことから、寺号を朝光寺とした。後の後鳥羽院の時代に、元の伽藍のあった山上が狭いうえに、そこまでの道も険しいため、現在の場所に寺地を移し、文治五年（一一八九）に旧の本堂が建立された。実際のところ、法道仙人開基とする説には資料などが乏しく、十四世紀の文書である「神主・権神主連署山寄進

朝光寺本堂

状」（文保元年（一三一七））に法道仙人の名前が見られるのが最も古いもののようである。ただ、弘安九年（一二八六）の「亀山上皇院宣」には朝光寺の名が見られ、少なくともこの時には寺院が成立していたことが伺える。なお、朝光寺は、現在まで続く、真言宗の寺院である。

❖朝光寺の境内

現在の寺地には、本堂をはじめ、鎌倉時代後期建立の鐘楼（重要文化財）、宝永七年（一七一〇）建立の多宝塔（県指定文化財）、江戸時代建立の仁王門（市指定文化財）などの建造物が建つ。

時代は遡り、江戸時代、寛政三年（一七

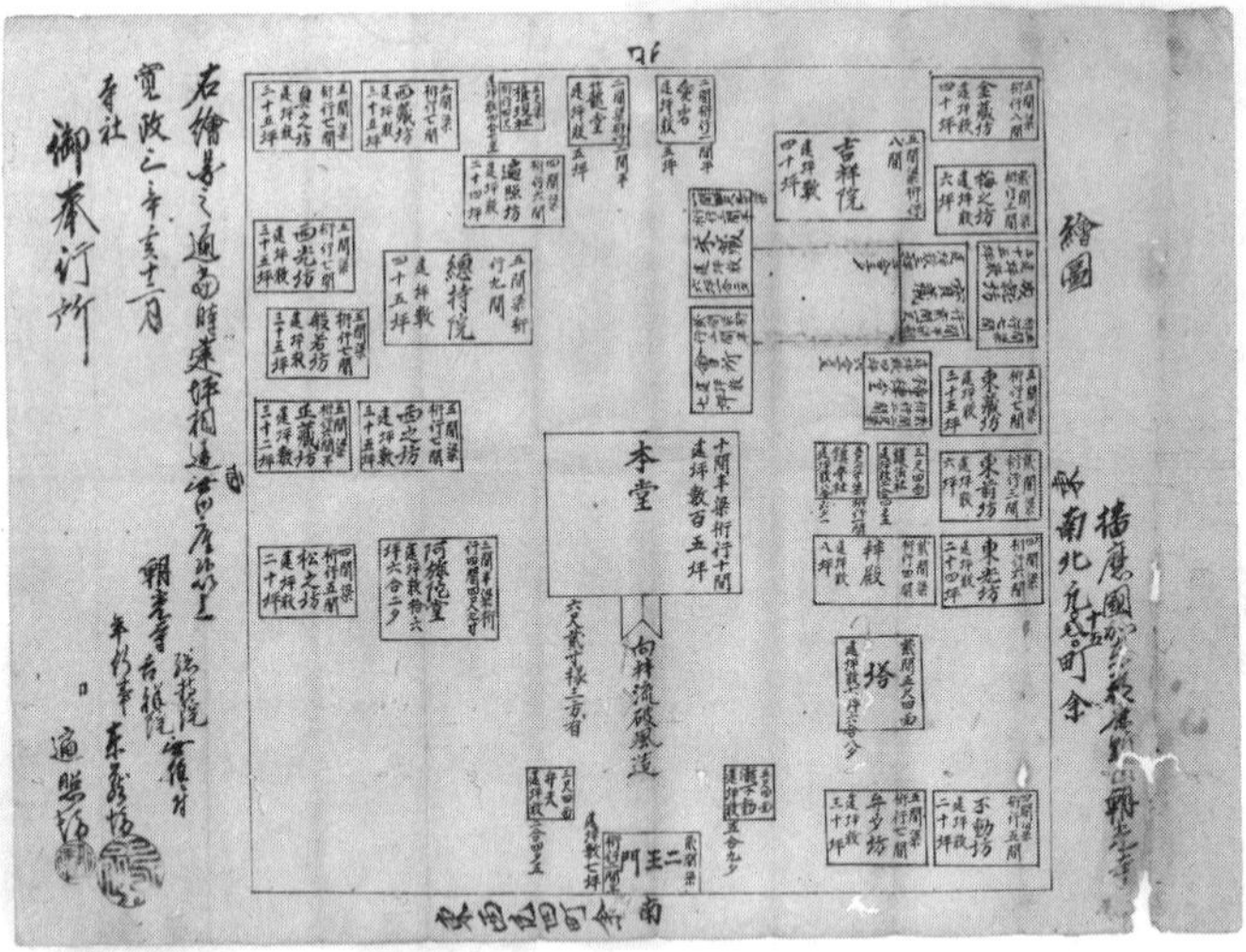

寛永3年の絵図（加東市教育委員会提供）

九一）に寺社奉行へ提出した絵図が残されている。この絵図には、ほぼ中心に本堂が描かれ、その周囲には三十三もの建造物が本堂を取り囲むように描かれている。本堂の南側には「二間梁、桁行二間半」の「仁王門」が描かれており、これは現在の市指定文化財の仁王門であろう。また、本堂の南東側には二間五尺四面の「塔」が描かれ、これは現在の県指定文化財の多宝塔とみられる。さらに、本堂の北東側には「鐘楼堂」が描かれており、これは鎌倉時代後期の建立とされる重要文化財の鐘楼である。その他、「鐘楼堂」の下に描かれた「鎮守社」「護法社」は、実際には鐘楼の東側に位置していたが、平成二十四年に新しいものに建て直された。それ以外は現存しないものがほとんどであるが、この中の「吉祥院」と「總持院」はそれぞれ絵図の位置とは若干ずれるが、この二院は今でも境内北側の道を挟んで東西の場所にあり、朝光寺の住職を交代で務めている。他に鎮守社北側に、応永三十四年（一四二七）の刻銘がある市指定文化財の法道仙人五輪塔、本堂の南東には同じく宝徳二年（一四五〇）の刻銘がある市指定文化財の六面石幢が現存する。

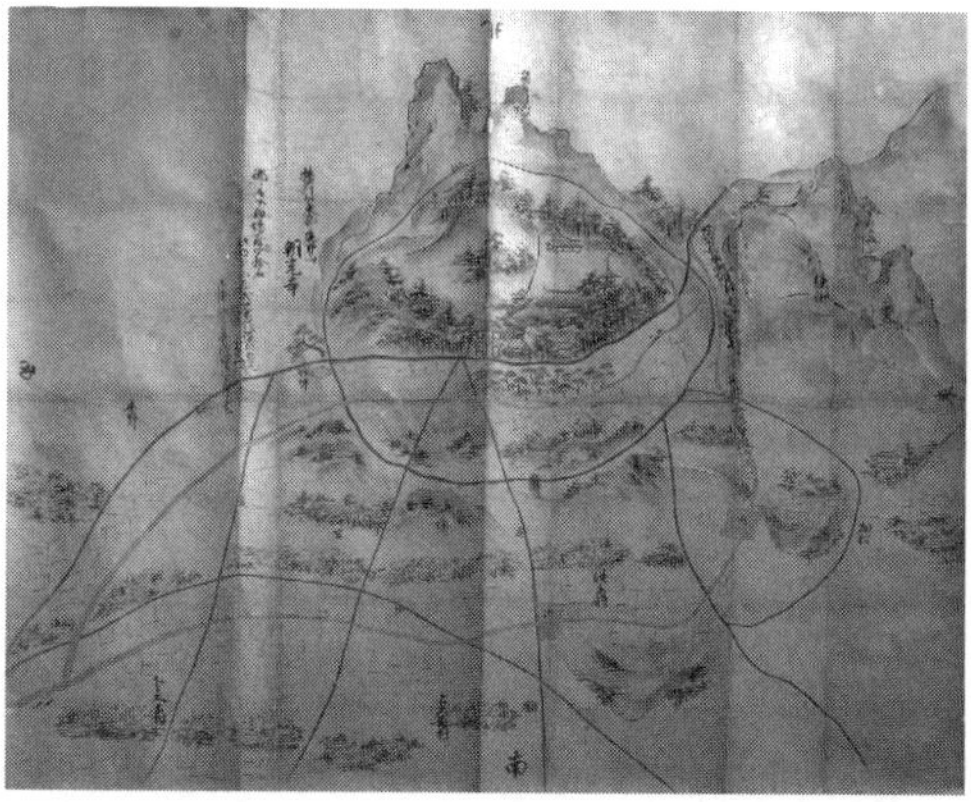

朝光寺周辺の絵図（加東市教育委員会提供）

なお、寛政三年の絵図のほか、時代が分からないが、同じような形式で境内を描いた絵図が一葉存在し、「吉祥院」「總持院」の位置が、それぞれ本堂の南東、南西側にあるよう描かれており判然としないが、過去にはそのような配置であった時代があったのかもしれない。また、鳥瞰で描かれた絵図も二葉あり、境内地を大きく描いたものには、本堂を錣葺屋根のように表現したり、現在は多宝塔であるが二重塔に描かれた塔などがあり、絵図自体の信憑性をどこまで受け入れるかということもあるが、現在のものと比較する上では興味深い資料である。また、このほかのもう一葉は江戸時代に描かれたものとされ、境内周辺の道や村の位置、山などの周辺環境がよく分かる資料である。

❖ 本堂の建立

文治五年（一一八九）に本堂が建立されたと前述したが、これは現在の本堂ではない。現在の本堂は、壁板に残された墨書（ぼくしょ）から、応永二十年（一四一三）に建立されたと考えられる。墨書とは、その字の通り墨で書き記された文字などであり、建立に関する年号や、携わった関係者名、建築部材に付する番号など多種多様であり、時には単なる落書きさえもある。この墨書が記された壁板は三枚あり、昭和十二年（一九三七）に大規模な修理工事が行われた際に資料として取り外し、保管されたものである。これは、建立年代を示す貴重なものであるため、本堂本体とともに指定の一部（附）として保存の対象となっている。

この壁板の墨書にはこうある。「播磨國朝光寺本堂之／佛壇之建立久米庄之／見林禪尼爲現當二／世悉地成就造立之／應永廿年癸巳八月十五日／大願主見林敬白」と記されており、応永二十年に仏壇が造られたことが分かる。もう一枚には「応永廿年癸巳八月十五日／當寺本堂之本尊之／御移徙者応永廿年癸巳八月十五日／一七箇日間安宅護摩／同以十二天供聖天供修之／

護摩賢尊修之／聖天供覺尊修之／十二天供實筭修之／結願時大般若経一部」とあり、旧暦の八月十五日に御遷仏が行われ、十七日間護摩焚きなどが行われたことが記されている。これを解釈すると、応永二十年時点には本堂本体と、本尊を安置する仏壇は完成したことがこれにより分かる。さて、もう一枚の壁板であるが、「上葺事／應永卅五年五月十五日／始之同正長元年十月廿一日／葺満也願主慶朴／敬白／正長元年十月廿一日」とある。ここでの〝上葺〟とは、屋根葺きのことを示すと考えられ、応永三十五年（一四八二）五月十五日から屋根を葺き始め、正長元年（一四八二）（応永三十五年と同年）の十月二十一日に葺き終わったことが認められる。また内外陣境、東より四本目の柱には、「本堂上葺正長元年自五月十五日十月廿七日迄□」と記されている。若干の日にちのずれは認められるが、正長元年に屋根が葺かれたことには違いない。さて、ここで気が付くのであるが、本堂建立から十五年経ってからようやく屋根を葺いたということに疑問を感じるかもしれない。何もしないままでは雨が漏ってしまい、大切なご本尊を雨露で濡らしてしまうことであろう。杉皮葺や薄板葺といったもので仮設的に屋根を葺いていたのであろうか。昭和十二年の修理工事で小屋組などの屋根を構成する材料のほとんどが失われてしまっているため、その当時、屋根瓦のない十五年間をどのように凌いでいたかは、想像を廻らすほかない。

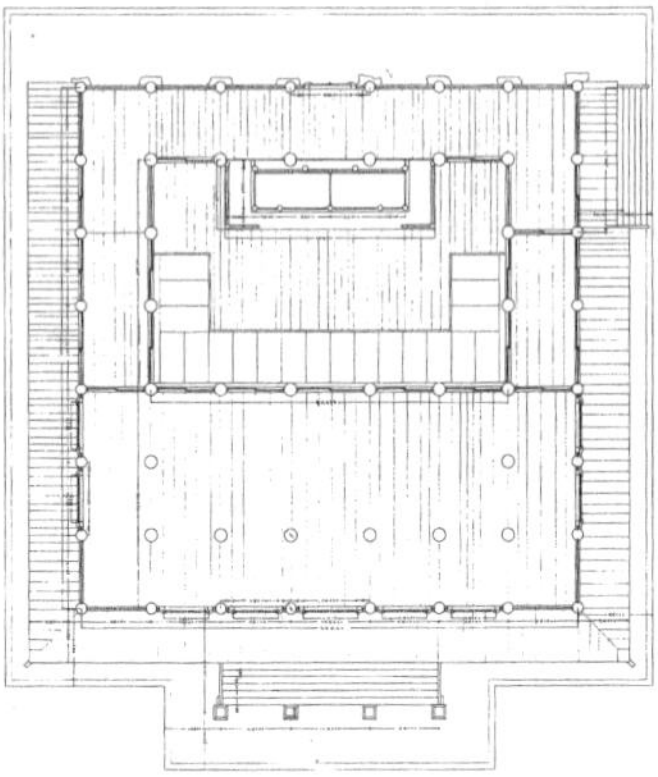

朝光寺本堂平面図

❖本堂の平面構成と構造

本堂の規模は、方七間の大規模な平面を成すものである。方七間とは、梁間、桁行とも柱と柱の間が七間あるという意味であり、中央に出入口を設ける関係上、通常、三間、五間といった奇数となることが常である。平面は、正面側から奥行き三間分（七×三間）を外陣、その奥、中央五間と奥行き三間分（五×三間）を内陣、この内陣の両隣と背面がわを脇間、後陣とし、内陣東脇間一×二間分を部屋として仕切っている。柱の並びだけをみると、外周に桁行、梁間それぞれ八本の柱を立て、その一間入った内側にも柱を立ち並べる。そして、正面側から三間目の桁行筋に一間ごと柱を立てることで空間を構成する。内陣とは須弥壇などに仏を祀りその前で僧侶が読経などを行う空間であり、堂の中心となる空間である。一方、外陣とは信徒などが内陣の仏を外から拝む空間であり、通常、内陣と外陣の境には建具を建て込んだり、結界で仕切ったりするなどして分けることが常である。元来、内陣となる空間は仏堂として独立して建ち、その前に拝む空間である礼堂が別棟で建っていた。これを双堂というが、その後、平安期になると密教系寺院が各地に造営されるようになり、より民衆にとって仏教が身近なものになると、拝む空間、礼堂の重要性が増すことになる。そこで、必然的に双堂が一つの空間として融合することとなり、一体の仏堂空間を構成する堂宇が現れるようになる。現在は一般的である内陣と外陣のある仏堂の空間は、仏教の発展・伝播により変化し、中世にはすでに形作られていたことが分かる。

外陣の空間

堂の外部は、正側面の三方に縁を廻らし、正面三間分に向拝を張り出す形で付している。なお、この向拝は後世の改造によって付加されたものである。古絵図には既に向拝の絵が描かれているが、正面側が切妻造の表現をされたものとなっており、現在のものとは異なっている。昭和十二年の工事の清算書には、向拝の柱と化粧垂木との間に入る手挟という部材に文政十二年（一八二九）の墨書があることが記されており、この時代の改修によるものとみられる。

主な構造材となる柱は、断面が円形の円柱（丸柱）を用いている。当初材の柱の足元断面が八角形や三十

内陣の須弥壇・厨子

二角形となっており、円柱の形は多角形断面の柱を削り出して円形にしていったことが分かる。この柱を前述した平面の位置にそれぞれ建て、貫や虹梁、桁、梁で繋いで構造体を構築している。これに、壁となる箇所には柱と柱の間に横板を落とし込み、壁面を作る。側廻りには、正面中央五間分に外開きの桟唐戸、その両端部は連子窓が入る。側面側は手前より一間目には正面両端部と同様連子窓が入り、その奥二間分に桟唐戸が入る。後方三間分には、片引き板戸や板壁が入り、背面中央間には外開きの板扉が取り付いている。内外陣境には各間に格子戸が入り、中央間五間分の内法上部には菱格子の欄間が入れられている。なお、内陣とその脇間境は引き違いの板戸と壁で仕切っている。内陣最奥中央三間分には須弥壇を置き、その上に厨子を置く。須弥壇は地覆、束、框、羽目板、上面の壇板、壇上面際の高欄で組まれた比較的簡素なものであり、高欄隅には逆蓮の親柱が立ち、正面側には蕨手の架木（ほこぎ）となった、禅宗様系の意匠となっている。須弥壇上の厨子は、正面柱間四間、柱間に桟唐戸を建て込み、詰組の組物で軒を支えられた入母屋造形式

（厳密には入母屋造ではないが）の屋根を載せる。軒は二軒（二段となった形式）で、屋根は木製の部材で本瓦葺を表現している（ただし、軒先のみで、平葺面は瓦棒葺状である）。柱は赤色系、他は黒色系の漆塗りで塗分けられ、全体を黒の色調に、柱や、部材の面などに赤を指すことで、質素さの中にアクセントを加えている。

繋虹梁

外陣の架構を見てみたい。外陣は、内外陣境の柱から一間飛ばして立つ入側の独立柱に虹梁を架けて幅二間の空間を作る。虹梁中央に組物を載せ、通肘木状の部材で天井板受けを構成し、これに南北方向の縦長板を張詰めて天井としている。独立柱と側柱は前述の虹梁より一段下げて繋虹梁を架けて側柱と繋ぐ。この部分の天井は化粧屋根天井となっており、内陣側の空間よりも一段下がっていることで庇の空間を作る。また、側部分と背面部分も同様の形となっており、要するに、内陣と外陣部分の五間×五間の母屋の周囲に一間幅の庇が付く形となっているのである。そして、繋虹梁の取り付き部分には入側柱部分と側柱部分で僅かな高さ違いが見られる。この高さ違いがさらに大きくな

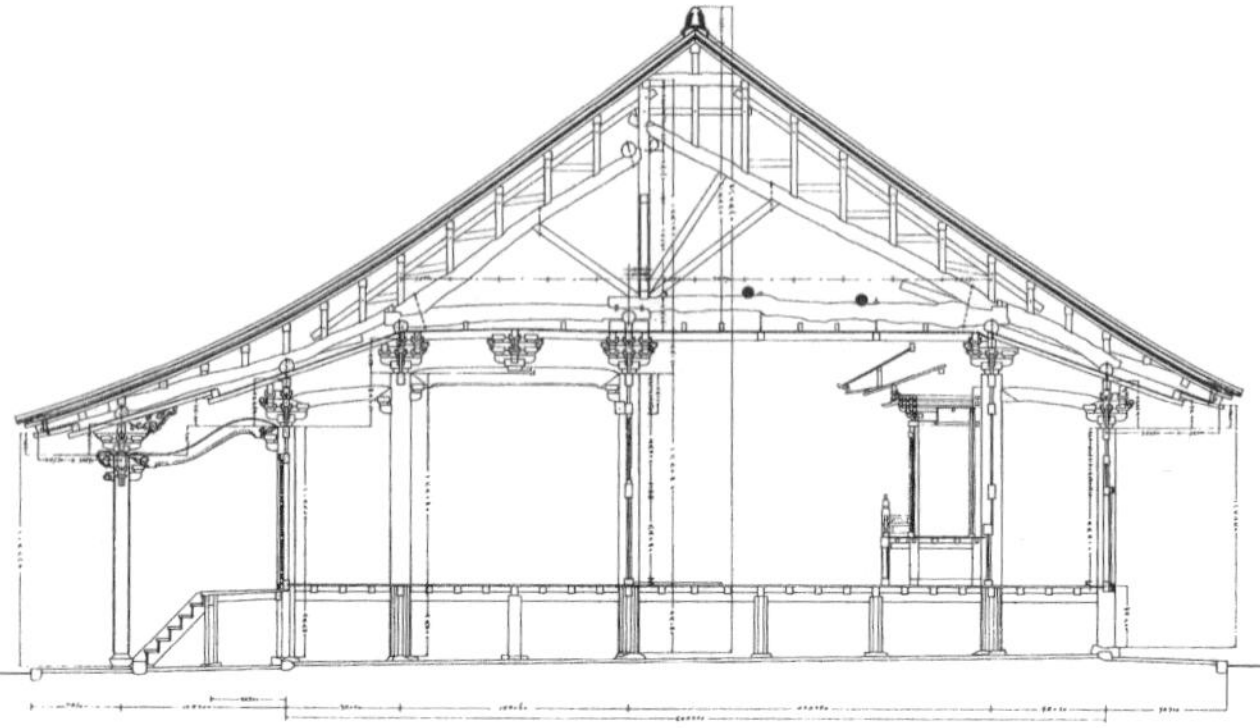

朝光寺本堂断面図

ると、他所でよく見られる海老虹梁になるのであるが、そういう意味では、高さの違いがそこまで大きくないので、海老虹梁にまではならなかったのではないだろうか。

内陣は桁行五間、梁間三間の大空間となっており、各柱をつなぐ角材（柱筋は外陣と同様、通肘木となっている）により格子状の構面を作り、これに縦長板を張る仕様は、外陣と同様である。

屋根を構成する小屋組は、現状ではトラス組となっている。もちろん、この工法が建立当初からあったものであるはずもなく、前述したとおり、昭和十二年の修理工事で改変されたことによるものである。明治時代以降、文化財の保存を目的として修理工事が行われてきたが、当時の修理工事において、表面からは見えない部分は、かなり大胆な改変が行われていたようである。このような改変は、唐招提寺金堂（奈良県・国宝）や、東大寺大仏殿（奈良県・国宝）などでも見受けられ、当時としてはそれが普通であったようである。現在では、隠蔽されて見えなくなる部材、工法についても保存することが通例であり、痕跡などの根拠なく、安易に工法を変更することは行われなくなった。

屋根は、寄棟造、本瓦葺で、正面向拝に屋根を葺き降ろす形となっている。棟の端部には鬼瓦を置き、その間には棟積みを置くが、中世以前の寄棟造屋根の納まりは、大棟と隅棟が一点で交わる納まりとなるのが通例であり、本来は鬼瓦のない納まりであったのではなかろうか。そのため、前述したように、向拝は文政期の改造と見られるので、現在の屋根の形はこの頃にできあがったものと考えるのが自然である。鬼瓦自体も、その造りから江戸期のものとみられ、恐らく向拝改造の時のものとみられる。ちなみに、この鬼瓦の上には、龍が水を吐いた意匠の瓦が鳥衾のように乗せられており、珍しいものとなっている。

❖ 本堂の特徴

この本堂の特徴を一言で言い現わすならば、折衷様であるということに尽きる。折衷とは二以上のものの良いところをそれぞれ組み合わせて一つのものにするという意味があるが、ここでいう折衷様は、古建築の中で分類される代表的な様式である、和様、禅宗様、大仏様の各要

双斗

素を部材の工法や意匠に取り入れて、一体のものを作り上げているということを意味する。言い換えれば、〃いいとこ取り〃とも言えるのであるが、それは、当時の大工が様々な工法、技法を研究、修得し、収斂してきた証拠とも言える。朝光寺本堂の場合、飛鳥・奈良時代から日本独自の形態として形作られてきた和様を基調に、禅宗様や大仏様の要素を各所に取り入れた形の折衷様となっている。では、どのようなところにそれが見られるのかを追って行ってみたい。

一　中備に双斗を用いる。

中備とは、柱上の組物と組物の間に設けた、桁を支持する部材のことであるが、和様の場合は通常、間斗束が用いられる。これが禅宗様の場合は柱上と同様の組物を入れる（これを詰組という）が、ここの本堂の場合は双斗という部材が使われている。双斗とは斗が三つ乗った三斗の中央部の斗を省いた形のもので、これは大仏様の特徴とされる。なお、鶴林寺本堂（応永四年（一三九七）建立、国宝、加古川市）などにも、双斗を中備として使用した事例が見られる。

二　木鼻、拳鼻が禅宗様の絵様の意匠となっている。
　木鼻、拳鼻とは、虹梁、頭貫等の端部にある彫刻である。これ自体の形や、表面の彫刻の形等により、様式的な特徴や、時代的な特徴を示すものとして時代判定などの際の指標の一つとして用いられることが多い。ここでは、禅宗様木鼻の特徴である、表面に軽く渦を巻いた線が彫られた意匠を見ることが出来る。

柱頭の木鼻

三　扉に桟唐戸を用いる。
　桟唐戸自体、禅宗様でも大仏様でも見られるものであるが、少なくとも従前の和様建築に対して、後世にもたらされた意匠の扉が用いられているということで、これも折衷様の特色といえる。
四　外陣の大虹梁の袖切、眉に禅宗様の意匠がみられる。
　これは、禅宗様でみられる意匠の特徴を示すものである。
五　須弥壇の高欄が禅宗様の意匠となっている。
　須弥壇高欄には、前面両端に、象の鼻のような形の手すりが付いている。これを蕨手という。また、両端の親柱は蓮の花を逆さにした意匠の逆蓮柱と呼ばれるものとなって

須弥壇の高欄

おり、これも禅宗様の特徴とされる。ただし、須弥壇自体はシンプルな壇となった和様のものである。

六　厨子の組物が禅宗様の意匠となっている。

柱上の組物と組物の間に入る部材を中備という。中備には、和様だと間斗束や蟇股が入るのが一般的であるが、禅宗様では柱上のものと同様の組物が入る。そのため、複雑な形状の組物が軒を支えている意匠となる。

その他の特徴として、以下の点があげられる。

七　床高が高い。

一般的な仏堂と比べて床高が比較的高いといえる。なぜ高いのか？それは残念ながら分からない。鬼追踊に関係するのか、宗教儀礼によるものなのか、理由は判然としないが、これも一つの特徴といえる。

八　亀腹がない。

前述の床高が高いという理由の一つに、床下に設けられることの多い亀腹がないことがあげられる。亀腹はマウンド状になった土壇であるので、これがないとその分がそのまま床下の空間となる。そのため床高が高く見えるということが言えるかもしれない。

九　庇の繋虹梁を傾斜して取り付ける。

厨子の軒

本堂の床下空間

前述したが、柱相互の取り付き部に大きな高さ違いを付ければ海老虹梁となるべきところ、高さ違いにさほどの差がないため、ここでは海老虹梁とはせずに、わずかに傾斜をつけた状態で繋虹梁を取り付けているという特徴がある。

十　柱に不成形材を用

いる。

　内陣背面部入側柱の一部を見ると、全くの円柱となった柱ではなく、自然の形状がそのまま表れた不成形の柱がみられる。また、柱の中には心去材を用いているものもみられる。心去材とは、一本の木を柱にする際、その断面中に樹木の中心部分が含まれないようにしたものである。つまり、心去材の柱を作ろうとするならば、少なくともこの柱断面の倍の断面径の巨木が必要となる。そのため、限られた材料を最大限に活かすために、多少の変形部分も許容する必要があったのではないだろうか。ちなみに、なぜ心去材を使用するかといえば、割れや変形をできるだけ防ぐという効果を狙ったものとみられる。木材は、乾燥すると中心に向かって割れが生じるという特性があり、大きく割れると著しく美観を損ねる。当時は、まだこのような材料を製作できる松の大径木が播磨にもあったのであろう。現代の建築では通常は考えられない、自然の形状を許容した材料の使い方は、ある意味部材の持つ力強さが感じられ、それ自身は無骨に見えるが、それが

内外陣境の柱

自然を相手に修行する密教の僧と姿が重なるように感じるのは言い過ぎであろうか。

十一　柱の樹種が多様。

平成二十四年の修理で柱の樹種鑑定が行われ、当初材には複数の樹種が使用されていることが判明した。最も多いものは松で、そのほか、樫、椋、樅、杉といった材料が使われているようである。太古より、建築材に用いられる樹種は檜が最も良い材料とされた。しかし、室町時代にもなると、そのような檜の大径木で、切り出しが可能なものは既に無くなってしまっていたのであろう。まして、地方寺院の建設に至っては、出来るだけ近隣から材料を調達したのではなかろうか。これを証明する手段はないが、大径が必要な材料が一樹種に統一されず、複数の樹種が用いられていること自体、そもそものような大きな樹木が近隣に多くなく、とにかく松ではなくてもよいので、柱となりうる材料を取り揃えたと考えるのが自然ではないだろうか。

❖朝光寺の文化財

建造物の他、朝光寺には文化財指定されたものが複数ある。昭和五十七年に兵庫県指定重要無形民俗文化財に指定されている〝朝光寺鬼追踊〟もその一つである。朝光寺では、毎年八十八夜（五月五日前後）に行われる五穀豊穣祈願法要の際に、鬼追踊という行事が行われる。当日は午後二時頃から本堂内で大般若経の転読が行われたのち、面を被り、面と同色の衣装を着て翁（住吉明神）、赤鬼、青鬼、黒鬼、赤茶鬼に扮した人物が、太刀、斧、錫杖、たいまつを振り、邪気を払うというものである。踊りの最初に住吉明神が出てくるのは、この地域が古くは住吉神社の社領であったことによるものであるとされ、鳥瞰絵図にも住吉大明神として記されており、建て替えられてはいるが、現在でも本堂の東側の小社で祀られている。

他に、美術工芸品として県指定されている、木造千手観音立像一躯（平安時代後期）、木造千手観音立像一躯（鎌倉時代）、鰐口（永仁三年（一二九五））、太鼓（永仁六年（一二九八））、懸仏（応永十六年（一四〇九））がある。千手観音は本寺の本尊であるから祀られているのであるが、ここでは二躯が祀られており、それぞれ時代が異なるものである。平安時代後期のものは、像高一五七・三センチ、像を一本の木材から掘り出される〝一木造〟と呼ばれる技法で作られており、樹種はヒノキである。像の表現の技法などから、その製作年代が推定され、宮殿の東側に安置されている。一方鎌倉時代のものは、像高約一八〇センチ、宮殿の西側に安置されており平安仏とは異なり、複数の部材を組み合わせて作る〝寄木造〟という技法で作られている。樹種はヒノキで、顔の表情や衣の作風などから、鎌倉時代のものとみられている。なお、宝冠・瓔珞・持物・本手から垂れ下る天衣・光背・台座などは後補のものとされている。

平成元年に行われた詳細調査で発見された墨書により、元々は京都の蓮華王院（三十三間堂）にあったものが、何らかの経緯で本寺にもたらされたものであることが判明した。しかし、その経緯は明らかではなく、謎である。

❖最後に

朝光寺本堂は、今では静寂の中に佇む中世の密教系寺院の雰囲気を醸し出す大堂である。院坊が建ち並んでいた時代は、さぞかし多くの僧侶が修行に励んでいたことであろう。度重なる戦火や、仏教界の不遇の時代など、様々な荒廃の要因があったにも関わらず現代にその姿を見ることができることを考えると感慨深いものがある。とはいえ、全国の国宝、重要文化財となっている建造物は、それぞれにそのような歴史の中で存続してきたものであり、全てに奇跡的な経緯があるのは当然である。朝光寺本堂もその一つと言ってしまえばそうなのであるが、それでも連綿と受け継いできた先人の努力なくしては現代にその姿を見ることはできなかったことを思うと、それはやはり奇跡といって良いのではないだろうか。

数多くの文化財建造物が残存する兵庫県にあって、その中でも国宝に相応しい雄大な姿をした大堂は、ご本尊の千手観音を堂内に、今でも多くの参拝者を迎えている。

参考文献：
『国宝朝光寺本堂修理工事報告書』（宗教法人朝光寺、二〇一一年）
『兵庫県の近代和風建築～兵庫県近代和風建築総合調査報告書』（兵庫県教育委員会、二〇一一年）
『国史大辞典』（吉川弘文館、一九七九年）

県内最古の木造建築――一乗寺三重塔

❖ 一乗寺の創建と伽藍

一乗寺は、北条鉄道の起点である北条町駅から南方約八キロ、同鉄道の一乗寺への最寄り駅であり、国登録文化財である法華口駅からは南西約四キロの法華山山裾に伽藍を開いている。県内に四箇寺ある西国三十三番札所の一つ、第二十六番札所として知られる天台宗の寺院である。ちなみに、ほかに札所となっている寺院は、第二十四番中山寺（宝塚市）、第二十五番清水寺（加東市）、第二十七番円教寺（姫路市）である。

創建については、中世までの度重なる火災により、それを知る資料などはあまり残っていないが、鎌倉・南北朝時代の播磨国の地誌である「峯相記」などには、播磨地方の古刹の多くで開基とされる法道仙人が、白雉元年（六五〇）に開基したものであると記されている。なお、「峯相記」は、貞和四年（一三四八）に播磨国の峯相山鶏足寺を参詣した旅僧が、旧知の老僧の伝聞を筆録した形の文書である。現在、重要文化財となっているこの文書は、永正八年（一五一一）の現存する最古写本であり、斑鳩寺（太子町）に保管されている。

寺地は、法華山の麓から山の地形を一部造成した土地を境内地としている。寺地の麓には地蔵院や隣聖院といった院坊が建ち、現在は存在しないが、ほかにも数件の子院が立ち並んでいたようである。寺地は三段の段地を形成しており、正面導線は二段目への長い石段によるものであり、これが最短の道筋である。二段目には明治十年（一八七七）建立の常行堂（正面三間、側面三間、宝形造、一重裳階付、本瓦葺）が東面して建ち、すぐ上段には国宝である三重塔が建つ。三重塔については後述するとして、その上方にある石段上の三段目の場所には正面が懸造となった本堂［桁行九間、梁間八間、入母屋造、本瓦葺、寛永五年（一六二八）建立、重要文化財（以下、重文）］が建つ。その北西側には西から弁天堂（一間社隅木入春日造、檜皮葺、室町時代中期建立、重文）、妙見堂（三間社流造、檜皮葺、室町時代後期建立、重文）、少し東方の岩場上に護法堂（一間社隅木入春日造、檜皮葺、鎌倉時代後期建立、重文）といった小社が祀られている。本堂南東脇には、鐘楼［桁行三間、梁間二間、入母屋造、本瓦葺、寛永六年（一六二九）、県指定文化財（以下、県指定）］がそれぞれ建てられている。なお、本堂東側の谷筋の道を登ると、開山堂（正面三間、側面三間、宝形造、本瓦葺、背面一間通り軒下取込み、東側面後方二間縁取込み、向拝一間、寛文七年（一六六七）建立、県登録文化財）が建つ。

❖ 三重塔の建立

本堂と常行堂の間、三段造成地の比較的狭い中段に位置する三重塔は、承安元年（一一七一）年建立の塔である。建立年代に関しては、相輪の伏鉢の銘により明らかであり、斗の成や蟇股の意匠などからも平安時代の建立であることを伺わせる。国宝・重文を含め、県内の文化財建造物の中でも最も古く、唯一の平安時代の木造建造物である。県内には木造である重文の三重塔が六基、多宝塔が四基、県指定の三重塔が二基、多宝塔が五基あり、いずれの中でも一乗寺のものは最古のもので、全国の中でも六番目の古さである。なお、加西市内には、重文酒見寺多宝塔（寛文二年（一六六二））、県指定奥山寺多宝塔（宝永六年（一七〇九））の二基が建つ。

大永三年（一五二三）には兵火により全山が焼失、永禄五年（一五六二）に再興後、本堂が

三重塔正面

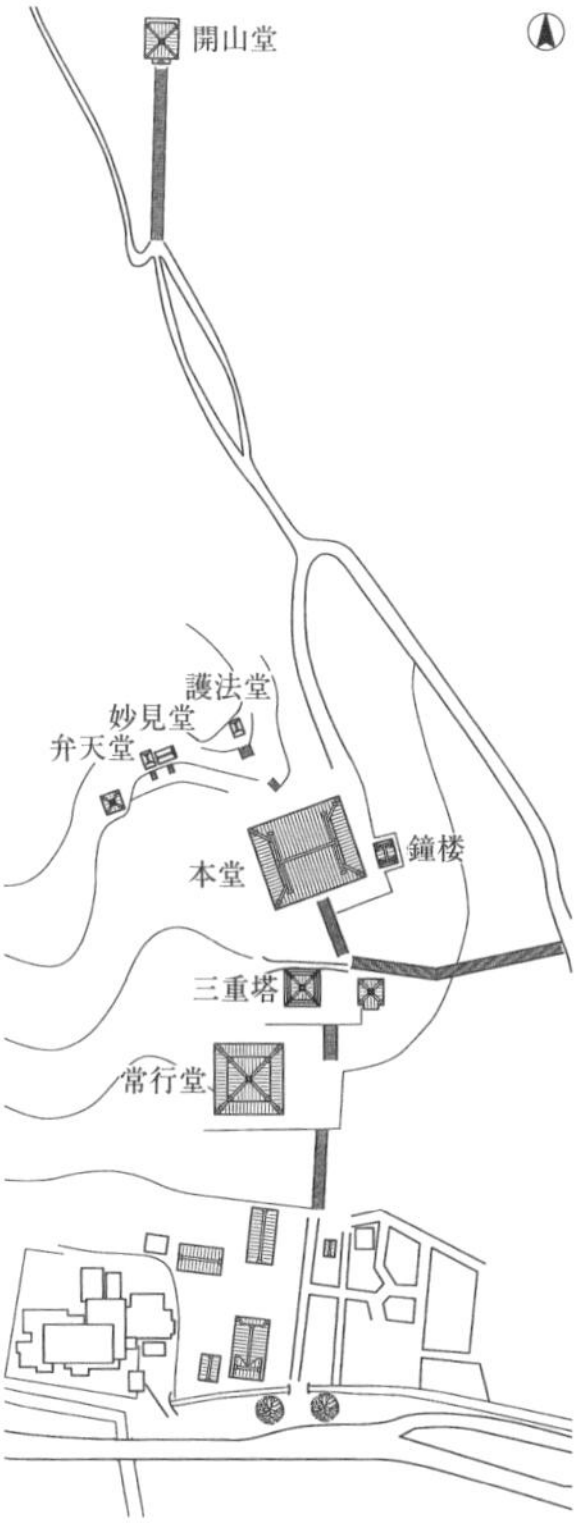

一乗寺配置図

本堂（下部より見る）

常行堂

弁天堂・妙見堂

元和三年（一六一七）に鬼追い式の夜に再び焼失したとされ、三重塔は幾度も焼失の危機があったにもかかわらず現存し、我々が目にすることができるのは本当に幸運なのかもしれない。この、県内最古の木造建造物である三重塔についてみていきたい。

❖塔とは？

そもそも塔とは何なのであろうか？塔と言ってもピサの斜塔やエッフェル塔など様々あるが、ここではもちろん、仏塔のことである。仏塔の起源は、インドの塔、ストゥーパであると言われている。サンスクリット語での塔、即ち、ストゥーパは、中国で卒塔婆（日本語読みでソトバ）と漢訳され、それが塔婆（トウバ）、さらには塔と約されたとされる。現在でも墓地で見られる板牌は卒塔婆という。

釈迦の死後、その遺骨、すなわち舎利が安置されたものが塔であった。その形は、インドのサーンチーの塔に見ることができよう。形状は、円形の基壇上に、お椀をひっくり返して置いたいわゆるドーム状であり、その頂上に枡形の台と三段の傘を乗せた姿となっている。紀元前三世紀に八塔造られ、そのうち三塔が現存する。もとは舎利を安置する土盛りの塚であったとされ、紀元前後に、これにレンガを積み重ね、表面には漆喰を塗り、頂部の台と傘を置き、現在の形になったといわれている。

その後、周辺各地に仏教が伝播し、日本へは六世紀半ば、百済より伝えられる。日本で本格的な伽藍が整備されるのが、用明天皇二年（五八七）に蘇我馬子が建立を発願した飛鳥寺である。この飛鳥寺の伽藍は、五重塔を中心に、北側と東西側に金堂を配し、それを南側に置いた中門から廻した廻廊で取り囲む配置となっていた。塔とは先述したように釈迦の遺骨、即ち仏舎利を安置した施設である。つまり、日本における最初期の仏教伽藍の中心は塔であり、それは仏舎利の象徴そのものであったといえる。その後建立された、四天王寺、法隆寺（現法隆寺、若草伽藍とも）でも、中心施設として塔と金堂を配しており、塔が最も重要な施設であったことは明らかである。

❖塔の時代的特徴

日本における現存最古の木造仏塔は、法隆寺五重塔である。構造は、地中に仏舎利を安置する空間の上に礎石を置きこれを心礎とし、その上に心柱を掘立で立てる。これが塔の中心であり、それを囲み支えるように層塔が建つ。心柱の頂部には相輪が被せられ、心柱自体はこの相輪を支持するものと言ってもよく、層塔の構造には直接的な関係性はない。その後、平安時代前期になると、掘立式であった心柱は、地上に据えられた礎石上に建てられるようになる。これは、法起寺三重塔（奈良県）、薬師寺東塔（同）、醍醐寺五重塔（同）などで見られ、掘立式では柱根が腐りやすいために発達したものと考えられる。平安後期になると、一乗寺三重塔のように、心柱を二重目より上から立てるようになる。これはどのような効果を狙ったものなのか。それは、初重を仏像安置の空間とすることである。前述したとおり、塔は最初期の仏教伽藍において重要な施設の一つとして位置づけられていた。それは、塔が仏舎利を安置する施設であり、それが仏の象徴そのものであったからであるが、時代が降るにつれ、仏の象徴は仏像のほうに重きが置かれるようになり、それを安置した金堂・本堂が伽藍の中心となっていくと、徐々に塔の配される場所は、伽藍の中心から離れていくことになる。そのため、塔の持つ役割というものが次第に変化し、仏舎利を安置した神聖なものという意味合いから、伽藍を構成する一施設という位置づけに変化していったように思える。このようなことから、仏舎利の安置を主眼としてきたものが、仏像安置の施設として変化していったことは必然なのかもしれない。これ以降の三重塔は全てが二重目より上に心柱が立てられ、五重塔でも半数ぐらいがそのような構造となっている。

他の時代的な特徴としては、初重から上重にかけて徐々に外郭寸法が狭まっていく、逓減というものがある。これは建築史家の濵島正士氏により体系化されたもので、時代的な仏塔の特徴を最も如実に示すものとして広く知られている。これによると、古代のもののほうが逓減率が大きく、つまり、上層に行くほど幅が狭まっていき、見た目としては、下部が幅広い、安定したプロポーションといえる。一方、時代が降るにつれ、初重と上重の幅の差が少なくなる傾向があり、江戸時代にもなると、縦長でスラっとした印象の塔になってくる。

もう一つの特徴として、上層に人が上がることができる構造となることが挙げられる。これは江戸時代後期頃からのものとなるのであるが、本来は上層へ上がることなど許される筈もなかった場所へ上げるのを許してしまうのは時代的な寛容性によるものなのか。そういう意味では、最初期の仏塔が神聖なものであったのに対し、時を経て物見の塔の機能が加わり、その意味合いが大きく変化したことを伺わせて大変興味深い。ちなみに、一乗寺三重塔の上部には上

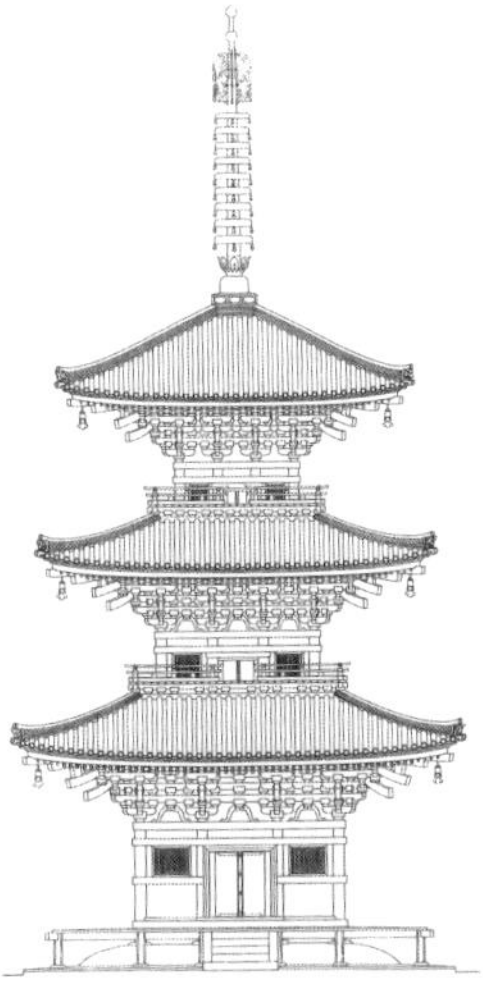

一乗寺三重塔立面図

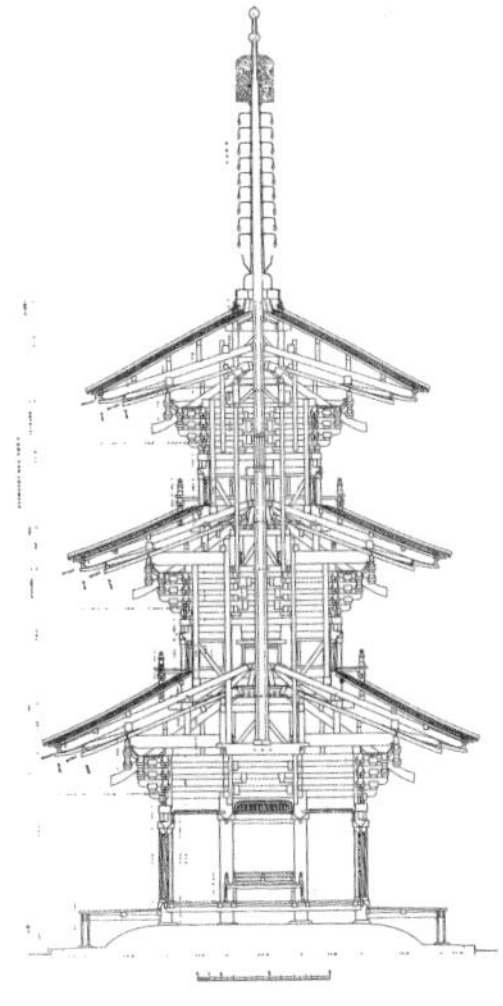

一乗寺三重塔断面図

がることはできない。

❖ 一乗寺三重塔の特徴と技法

上記を踏まえて、改めて一乗寺三重塔を見てみたい。

この塔は、柱間三間の三重塔婆である。前述のとおり、承安元年（一一七一）、平安時代末期の建立で、国宝となっている。屋根は本瓦葺で、最上部、三重目の屋根は、わずかながらS字の曲線となった照起りの形状をしている。円柱を亀腹上に据えた礎石上に立て、三間四方の初重の中心に四天柱を立てる。内部は板張りで、各四方の中央間に両開の扉を設けて開口部とする。開口部の両脇間は隙間のない連子窓とし、窓下は板壁である。初重四方に切目縁を廻らし、北側と南側に石階を置いている。なお、この縁には高欄を設けていない。四天柱の内側を須弥壇とし、その上部を折上の小組格天井とする。ただ、造作は室町時代の頃のものらしい。先に述べたように、心柱は二重目より上から立てているため、初重に仏像を安置することが可能となっている。

柱上には台輪を乗せ、その上に尾垂木付き三手先の組物を乗せる。これで飛檐垂木、地垂木の二軒を支え、野垂木で勾配を付けた瓦葺屋根と形成する。この構造は初重から三重目とも同

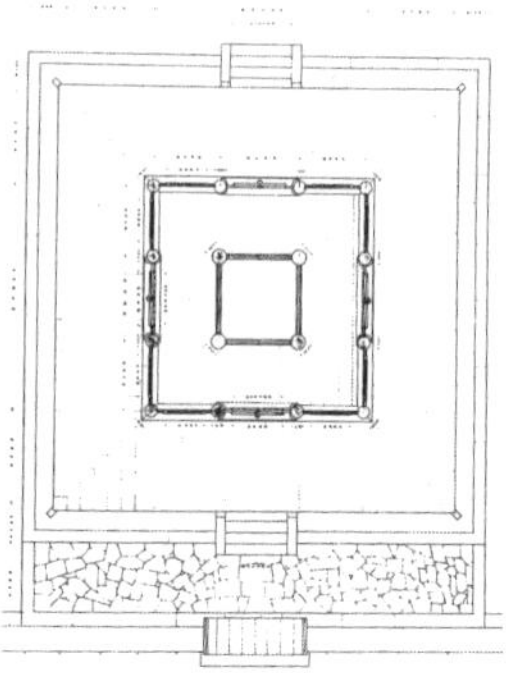

一乗寺三重塔平面図

じである。隅棟端部には隅鬼瓦を置くが、途中に稚児棟を置かないなど、古式を残している。二重目、三重目には高欄付きの切目縁を四周に廻すのであるが、人が上がることができない塔であるため、これは意匠上のもの、つまり飾りである。全体的には、初重の上に二重目、三重目を積み上げていく構造となっており、中心部に二重目から立てた心柱が貫き、その頂部に相輪が被せられている。相輪は下部より方形の台が露盤、その上に饅頭形の伏鉢、その上に花が開いたような形の受花が乗る。さらに、九段の宝輪が積み重なっているゆる九輪が続き、透かし模様の水煙、球状の龍舎、最先端が玉ねぎ型の宝珠で相輪を構成する。なお、水煙については、当初は火焔と呼ばれていたらしいが、建造物には不相応である火を嫌い、名が変わったともいわれている。ちなみに、現在の塔に据えられたもので、相輪は昭和六十二年に修理の際に取替えられているそれ以前のものは別堂内に保管されている。

一層目の状況

他に、平安期の建築を示すものとして蟇股の形状、斗の成、垂木の反りといったものが挙げられる。まず、

保管された相輪

蟇股の形状であるが、脚部分が若干立ち気味で、肩部分が厚い形状をしており、醍醐寺薬師堂（京都府・保安二年（一一二一））、中尊寺金色堂（岩手県・天治元年（一一二四））のものと近しい形状をしている。また、蟇股は左右二つの部材で作られていることもその特徴の一つである。鎌倉時代初期頃までは二材で作られたようであるが、それ以降は一材で作られるようになる。また、蟇股はこの二材の脚と頂部の斗のみで構成され、内部には彫刻などを入れないのも特徴の一つと思われる。ただ、平安後期の建立の宇治上神社本殿（京都府）のそれには彫刻が入っているので、中に彫刻がないのが平安期蟇股の特徴というわけではない。あくまでも、一乗寺のものには入っていないということである。

次に、斗の成を見てみたい。斗の成は、平安後期のものが高いといわれ、幅と高さの比は十対八ほどの割合であり、他の時代のそれが比較的扁平な形状をしているのに対し、より成の高いプロポーションとなっている。奈良時代のものや、鎌倉、室町時代のものがそうではないのは、成の高いプロポーションがあまり受け入れられなかったせいなのか、単に時代的な流行だったのかは定かではないが、そういう意味では、平安期の大きな特徴の一つであることには違いない。

最後に垂木である。奈良時代の二軒は飛角地円（ひかくじえん）といい、飛檐垂木の断面が角形、地垂木の断面が円形となったものが一般的であった。これが平安後期になると、どちらとも角形となるのであるが、一乗寺の三重塔でも飛角地角となっている。垂木そのものに目を向けてみると、先端に向けて反りが付いていることが分かる。その反りは、上端と下端両方に付けられており、軒の両端を反らせる軒反りと併せて、軒をより軽快なものにしている。

組物

三重塔は現在、素木の建物のように見える。しかし、よく観察してみると、斗や肘木の木口には赤色の顔料が残っていることが分かる。これがいつの時代のものか、当初なのか、途中の時代のものなのかは調査報告などがないので判然としないが、何時かの時代には赤く塗られていた時代があったのであろう。今後、再塗装をすることはないのであろうが、赤く彩られた塔が聳える姿を想像してみるのも面白いかもしれない。

軒廻りの様子

❖最後に

以上のように一乗寺三重塔についてみてきた。伽藍は山裾の地形を活かした高低差のある立体的な配置で、山々の自然景観と一体となった寺観をなしている。秋には紅葉が美しく、多くの参拝者で賑わう西国巡礼の札所らしい寺院である。懸造の大規模な本堂、中世建立の小社、江戸時代の開山堂や鐘楼、明治期の常行堂など、各時代の建造物を見ることができるのもこの寺院の魅力の一つといえる。特に三重塔は、常行堂の建つ下段と、本堂の建つ上段の間の中段に建ち、下から見上げた姿、正面から見た姿、上から見下ろした姿といった様々な視点から見ることができるのは他の建物にはないものであるし、これがこの塔を魅力的なものとし、見る者の目を惹いて止まない要因であると言っても過言ではないであろう。全国でも数少ない平安時代の建物であるのはもちろんであるが、素晴らしい寺観を成す姿を含めて国宝といえるものである。

参考文献：
『日本建築細部意匠變遷小圖録』（星野書店、一九四四年）
『日本の美術第77号　塔　塔婆・スツーパ』（至文堂、一九七二年）
『古建築の細部意匠』（大河出版、一九七二年）
『国宝大辞典　五　建造物』（講談社、一九八六年）
『寺社建築の鑑賞基礎知識』（至文堂、一九九二年）
『加西市史第五巻本編５文化財（建造物）』（加西市、二〇〇四年）
『重要文化財一乗寺本堂修理工事報告書』（宗教法人一乗寺、二〇〇八年）

三重塔外観（上部より見る）

あとがき――「国宝」の地域化を

「国宝」という言葉が法律上で初めて登場するのは、明治三十年（一八九七）のことである。ちょうど、日清戦争を経て、明治政府が〝国威発揚〟に腐心し始めた時代。優れた文化財もその対象としてとらえられるようになった。「国の宝」は、最も有効な国威発揚ツールに位置づけられたのだろう。そして昭和四年（一九二九）には、「国宝保存法」というそのものずばりの法律が成立する。もちろん、文化財の海外流失の防止と保護という大きな立場は不変だが、一方でこのような国家政策を背景に日本の「国宝概念」が出来上がっていったという側面にも留意する必要があるだろう。

このため、「国宝」というと、どうしても「国のもの」というイメージが強く前面に出てしまう。法的な所有形態からすると当然「国の持ち物」となる訳だが、しかし、国宝は国家が作り出したものだけではなく、むしろその多くは、国宝の存在する当該地域あげて創造されたものも多くある。国宝は、「国のもの」であると同時に「地域のもの」でもあるというごく当たり前のことを、私たちは、ややもすると忘れがちになる。

今さら、言うまでもないことだが、あらためて、こんな思いを強くするようになったのは、地域にある国宝の多くが、地域の人たちの視界から次第に離れていくという寂しい現実を実感するからである。国宝をめぐる研究成果は、ひょっとすると「一般化」「市民化」「地域化」されずに、一部専門領域にとどまりがちになってはいないだろうか。そうであるなら、せっかくの地域の宝が、地域から遊離してしまう。それは地域にとって大きな損失である。

播磨には、多くの国宝が集積している。背景には、古来、豊かな経済力を誇り、いち早く先進文化を受容してきたという歴史的文化的環境が整っていたことが挙げられるが、ことに、加古川流域に集積した古刹、名刹のたたずまいは圧巻だ。南から、加古川市の鶴林寺、加西市の一乗寺、小野市の浄土寺、加東市の朝光寺、さらに播磨の寺院として神戸市西区の太山寺がある。これに世界文化遺産でもある姫路城が加わる。これだけの国宝建造物がずらりと並んだ集積地は、国内でも稀有な存在である。しかも、その寺院には、絵画、仏像等優れた美術作品も残されている。残念なことに、これらの逸品は、その保存環境の不備から、文化財保存設備の整った東京、京都、奈良などで分散保管されており、地元では、中々見る機会がない。こうしたことも重なって、国宝は国のもの、地域にとっては手の届きにくいものとなっていくのであろう。

播磨学研究所では折を見て、これらの文化財についての情報を集め、発信してきたのだが、「国宝一二〇年」の節目に当たり、恒例の播磨学特別講座であらためて、播磨の国宝のすべてを一気に紹介しようと考えた。そして平成十七年五月から十一月にかけ、多くの受講者を得て「播磨の国宝」と題して恒例の「播磨学特別講座」を開催した。本書は、その講義内容を一部修正加筆してまとめたほか、朝光寺、一乗寺三重の塔について新たに書き下ろしていただいた小論を含め一冊に編集し直したものである。播磨の国宝全体について、深く掘り下げつつ、新しい研究成果も交え、初めてその全体像を浮かび上がらせることができたのではないかと思っている。ことに、各地に散在している一乗寺の「聖徳太子及び天台高僧像」十幅については、恐らく初めての一括解説になったと思っている。播磨の国宝の新情報をまとめた本書が、国宝の地域化にいくらかでも貢献し、地域資源を活用した地域の活性化にお役に立てるなら、望外の喜びである。

本書のベースになった平成二十九年度の「播磨学特別講座」には、九人の先生方をお招きし、深い研究成果をご披露いただいた。ご多用の中、快く講義をお引き受けいただいたこと、また、講義録のまとめに当たっても、お手数を煩わせたこと、併せて厚くお礼を申し上げたい。

播磨学研究所では、昭和六十三年以降、毎年、播磨に関するテーマを決め十回前後の公開講座を開催するとともに、その講義録を出版してきた。この「播磨学特別講義本」は、これまでに二十四冊を数え、本書で二十五冊目となる。特定地域の出版物として、これだけまとまった例はあまりないのではないかとひそかに自負している。

特別講座の開催、出版事業の展開に当たり、姫路市、姫路市文化国際交流財団、播磨広域連携協議会、兵庫県立大学、兵庫県教委、神戸新聞社の皆さんに心強いご支援をいただいた。また、本書の出版にあたり、神戸新聞総合出版センターの皆さん、講義録の内容整理に当たっていただいた山本桂さんにも大変お世話になった。改めて深く感謝を申し上げたい。

平成三十年七月

播磨学研究所長
兵庫県立大学特任教授　中元孝迪

専門は日本建築史。
著書・論文／『纒向から伊勢・出雲へ』（学生社、2012年）、『中世寺社信仰の場』（思文閣出版、1999年）、『加西市史第5巻　文化財（建造物）』（共著、加西市、2002年）、『圓教寺奥之院　開山堂と護法堂（圓教寺叢書第1巻）』（共著、書寫山圓教寺、発売:集広社、2018年）、「発掘遺構からみる神社の成立」（『橿原考古学研究所論集16』、八木書店、2013年）など。

問屋真一　といや　しんいち
1955年生まれ。神戸市教育委員会。
神戸市立博物館等の学芸員として特別展「太山寺の名宝展」（1993）、「中世を旅する聖たち展」（1988）などを担当する。専門は日本中世史。
論文／「十六－十七世紀初頭の摂津国兵庫津史料－棰井家文書の紹介－」（神戸市立博物館紀要第4号、1987）、「有馬温泉寺の銅製経箱」（共著、同第26号、2010）、「絵入り幸若舞曲『敦盛』について―新出の須磨寺本絵巻を中心に―」（同第32号、2016）、「続五輪塔形曳覆曼荼羅について」（『喜谷美宣先生古稀記念論集』所収、同刊行会、2006）、「絵巻にみる『築島』－東京国立博物館蔵「経ヶ島縁起」を中心に－」（神戸女子大学古典芸能研究センター紀要第6号、2012）など。

吉田実盛　よしだ じっせい
1961年生まれ。鶴林寺塔頭真光院住職。
専門は仏教学（仏教教学史）。兵庫大学短期大学部教授、加古川市教育委員長、保護司などを歴任。現在は叡山学院教授、鶴林寺宝物館学芸員、宗教教誨師。
著書／『加古川市寺院総鑑　加古川市仏教会加盟寺院』（兵庫大学短期大学部、2000）、『わかりやすい仏教保育総論』（共著、日本仏教保育協会、2004）など。

中元孝迪　なかもと たかみち
1940年生まれ。播磨学研究所所長、兵庫県立大学特任教授。
元神戸新聞論説委員長。日本記者クラブ、日本ペンクラブ会員。
著書／『姫路城100ものがたり』（神戸新聞総合出版センター、2013）、『日本史を変えた播磨の力』（同、2009）、『姫路城　永遠の天守閣』（同、2001）、『コラムニストが見た阪神大震災』（同、1995）、『ひょうご全史―ふるさと7万年の旅（上下巻、共著、同、2005～06）、『日本災害史』（共著、吉川弘文館、2006）など。

田中康弘　たなか　やすひろ
1974年生まれ。兵庫県教育委員会事務局文化財課主査（建造物担当）。
著書／『地域歴史遺産と現代社会』（共著、神戸大学出版会、2018）。

◎執筆者紹介（掲載順）

相田愛子　あいだ あいこ
美術史家。博士（文学）。
2000年4月から2016年12月まで兵庫県立歴史博物館に学芸員（仏教絵画専門）として勤務。2005年度特別展「聖徳太子と国宝法隆寺」、2008年度特別展「ふるさとの神々」、2012年度特別展「鶴林寺太子堂」などを担当。2014年度から2016年度には兵庫県立歴史博物館HP「ひょうご歴史ステーション」を担当し、デジタル展覧会「天上のまやちゃん」「中世絵話集め」、歴史ステーションセミナー「福富草紙」等を開発。現在、立命館大学衣笠総合研究機構客員協力研究員と国立歴史民俗学博物館共同研究員を兼任。
論文／「平家納経涌出品・観普賢経の見返絵と『源平盛衰記』の交差」（松尾葦江編『文化現象としての源平盛衰記』、笠間書院、2015）など。

埴岡真弓　はにおか まゆみ
1955年生まれ。播磨学研究所運営委員兼研究員。説話・伝承学会会員。
主に播磨の歴史・文化を研究。
著書／『はりま歴史見て歩き』（神戸新聞総合出版センター、2011）、『はりま伝説　夢物語』（同、2013）、共著に『播磨の妖怪たち―「西播怪談実記」の世界』（同、2001）、『はりま伝説散歩』（同、2002）、『池田家三代の遺産』（同、2009）、『播磨国風土記』（同、2016）など。

岩田茂樹　いわた しげき
1959年生まれ。奈良国立博物館上席研究員兼美術室長。
滋賀県立琵琶湖文化館、大津市歴史博物館の学芸員を経て、1999年4月より奈良国立博物館に勤務。専門は日本彫刻史。
論文／「康尚時代の延暦寺工房をめぐる試論―三躯の観音立像を中心に―」（『学叢』20号、1998）、「大仏殿様四天王像に関する覚書―東大寺勧進所阿弥陀堂像の紹介をかねて―」（『MUSEUM』612号、2008）、「東大寺・僧形八幡神坐像の再検討」（『佛教藝術』343号、2015）など。

小林達朗　こばやし たつろう
1963年生まれ。東京文化財研究所日本東洋美術史研究室長。
専門は仏教絵画を中心とする日本古代中世絵画史。
著書／『親鸞聖人絵伝』（「日本の美術」415、至文堂、2000）、主な論文に「東京国立博物館蔵国宝・普賢菩薩像の表現及び平安仏画における「荘厳」」（『美術研究』416、2015）、「美麗の術―国宝千手観音像の場合」（『「かたち」再考開かれた語りのために』、平凡社、2014）など。

黒田龍二　くろだ　りゅうじ
1955年生まれ。神戸大学大学院教授。

播磨《はりま》の国宝《こくほう》

2018年9月19日　初版第1刷発行

編者――――播磨学研究所
〒670-0092　姫路市新在家本町 1-1-22
兵庫県立大学内　　TEL 079-296-1505
発行者――吉村一男
発行所――神戸新聞総合出版センター
〒 650-0044　神戸市中央区東川崎町 1-5-7
TEL 078-362-7140 ／ FAX 078-361-7552
http://kobe-yomitai.jp/
装丁／正垣修
印刷／神戸新聞総合印刷

落丁・乱丁本はお取り替えいたします

ISBN978-4-343-01008-7 C0021